3만 달러 시대 패러다임이 바뀐다

3만 달러 시대
패러다임이 바뀐다

최성환 지음

미디어

머리말

필자는 기자 시절이던 2000년대 초반부터, 2020년이면 우리나라의 1인당 국민소득이 3만 달러대에 달할 것이라고 주장해왔다. 그간 적잖이 공격도 받았지만, 외환위기 또는 글로벌 금융위기와 같은 대형 위기가 닥치지 않는다면 우리 경제는 2017년에 3만 달러로 올라설 것이 확실시되고 있다. 특히 2020년대 초중반이면 1인당 국민소득 4만 달러 시대로 진입할 것이라는 게 필자의 주장이다.

물론 가만히 세월만 간다고 소득이 3만 달러, 4만 달러로 늘어나는 것은 아닐 것이다. 그렇다면 우리는 무엇을 해야 할 것인가? 만약 3~4만 달러 시대로 진입한다면 패러다임이 어떻게 바뀔 것인가? 3~4만 달러 시대에는 어떤 산업이 뜨고, 어떤 산업이 질 것인가? 개인들이 계속 부동산 비중을 줄인다면 어떤 금융자산을 늘려나갈 것인가? 저금리와 고령화는 우리 사회는 물론 개인들의 자산 포트폴리오에 어떤 영향을 미칠 것인가? 바뀌는 패러다임과 글로벌 트렌드를 미리 알고 그 길목을 선점하려는 노력이 무엇보다 절실한 때이다.

2013년에는 연구원들과 함께 2권의 책을 쓰고, 2권의 책을 번역했다. 모두 은퇴설계와 재테크, 기부 등 은퇴와 관련된 책들로 나름 본업인 은퇴 연구에 충실한 결과였다. 하지만 신문과 방송, 경제연구원, 기업들이 필자를 본업에만 전념하도록 놓아두지 않았다. 덕분(?)에 한국경제신문의 경제주간지인 '한경 비즈니스'에 격주로 기고하면서 틈틈이 조선일보와 디지털타임스, 이데일리, 주간조선, 월간조선, 한국경제연구원, 한국조세연구원 등에 기고할 기회도 가졌다. 고정 방송을 새로 꿰차기도 하고, 기업 강의는 수도 없이 불려 다녔다.

관심 분야도 은퇴뿐만 아니라 국내 경제를 넘어 미국과 일본, 중국 등 글로벌 경제, 국제금융, 무역, 재정, 기업분석 등으로 다양했다. FRB의 테이퍼링, 일본의 아베노믹스, 중국의 리커노믹스, 한국은행의 금리 정책 등 거시적 현안부터 글로벌 500대 기업으로 본 세계 경제의 판도, 다우지수의 구성종목 변화와 산업 트렌드, 디트로이트의 파산이나 기업환경과 같은 미시적 분석도 담고 있다.

사실 이것저것 조금씩 안다는 것은 어느 한 분야의 전문가가 아니라는 뜻이다. 그나마 다행인 것은 뭔가 좀 더 알고 싶어 하는 호기심을 가진 비전문가의 눈높이가 일반 독자들과 더 잘 맞아떨어질 수도 있다는 점이다. 테이퍼링, 아베노믹스, 디플레이션 등은 지금도 진행형이다. 필자와 엇비슷한 호기심과 눈높이를 가진 독자들이 이들 현안을 나름대로 접근하고 분석하는데 이 책이 큰 도움이 되길 바란다.

2014년 3월
최성환

차례

제3부 │ 새로운 금융시대

제1부

3만 달러 시대, 패러다임이 바뀐다

"

선진국들의 경험에 비춰보면, 소득 1~2만 달러 시대가 자산을 모으고 저축하는 자산축적資産蓄積의 시대라면 소득 3~4만 달러 시대는 모은 자산을 굴리고 이용하는 자산관리資産管理의 시대가 될 것이다. 우리가 살아온 과거를 뒤돌아 봐도 상대적으로 못 살던 시대에는 어떻게 하면 돈을 벌어 집을 사고 예금을 늘리느냐 하는 축적의 시대였다. 하지만 어느 정도 살기 시작하면서 모아놓은 돈을 어떻게 관리하고 사용하느냐로 초점이 바뀌고 있는 것이다.

"

01 •••
3만 달러 시대, 언제 오나?

　박근혜 대통령이 2014년 연두 기자회견에서 "임기 내 1인당 국민소득 3만 달러를 달성하겠다"고 말했다. 이에 대해 일각에서는 2007년 2만 달러를 넘어선 후 2013년에 겨우 2만 4,000달러 남짓이었으니 4년 남은 임기 내에 3만 달러는 불가능하다고 주장한다. 반면 필자를 포함한 다른 한편에서는 앞으로 큰 위기가 닥치지 않는다면 3만 달러를 달성치 못할 이유가 없다는 계산을 내놓고 있다.

　사실 언제쯤 1인당 국민소득 3만 달러가 가능한가를 따져보려면 상당히 복잡한 과정을 거쳐야 한다. 달러로 표시한 1인당 국민소득은 우리 경제가 매년 실질부가가치를 몇 퍼센트 더 생산하나를 따지는 실질성장률 외에도 물가와 인구, 환율의 변동에도 영향을 받는다. 여기서 실질성장률에다 물가상승률을 더한 것이 국민소득의 명목증가율로 전년에 비해 올해 소득이 얼마나 올랐나를 보여주는 근로자의 연봉 증가율과 같은 개념이다. 이를 가족(인구) 수와 환율로 나눈 결과가 달러로 표시한 1인당 국민소득이다. 그런데 이들 4가지 변수의 몇 년치 흐름을 맞추기는 매우 어렵다. 실제로 인구증가율 전망만 손쉬울 뿐 나머지 지표들, 특히 환율의 경우 몇 년 후를 예측하기란 거의 불가능에 가깝기 때문이다.

2008년 국책연구원인 한국행정연구원에서 '미래 선진한국의 행정 연구'라는 대형 연구 프로젝트를 기획하면서 각계의 전문가들을 불러 모았다. 필자에게 주어진 미션이 바로 2020년 우리나라의 1인당 국민소득(달러 기준)을 예측하는 일이었다. 10여 년 뒤의 1인당 국민소득, 그것도 달러로 환산한 소득 수준을 예측한다는 것은 매우 까다로운 작업이다. 한두 가지 가정만 어긋나도 예측이 틀릴 가능성이 높아서 예측전문가들도 가급적 피하고 싶어 하는 일이다.

필자가 궁여지책 끝에 내놓은 전망의 요지는 우리 경제가 주요 7개국G7의 1인당 국민소득 경로를 따라갈 것으로 보자는 것이었다. 당시만 해도 핀란드, 아일랜드, 북유럽 3국과 같은 인구가 작으면서도 경쟁력이 높은 이른바 강소국强小國을 우리나라가 본받아야 한다는 주장이 득세하던 시기였다. 하지만 제조업이 강한 산업구조 면에서나 인구 면에서나 우리 경제가 벤치마크로 삼아야 하는 나라는 강소국이 아니라 강대국强大國인 G7이라고 주장하고 나선 것이었다.

2012년 중반 언론들이 우리나라가 세계에서 7번째로 20-50클럽에 가입했다고 보도했다. '20-50클럽'은 소득 2만 달러 이상인 동시에 인구 5,000만 명 이상인 나라들을 의미하는 신조어新造語이다. 우리보다 먼저 가입한 나라는 미국, 일본, 독일, 영국, 프랑스, 이탈리아의 G6. G7 중 캐나다만이 인구 미달(3,500만 명)로 가입치 못하고 있다. 여기에 우리나라가 가입했다는 것은 G7과 우리 경제의 유사성을 보여주는 훌륭한 사례인 동시에 필자의 주장에 힘을 실어주는 좋은 근거라고 볼 수 있다.

G7 국가들의 1인당 국민소득이 1만 달러에서 4만 달러까지 가는 데 걸린 기간은 평균 27.0년이다. 2만 달러에서 4만 달러까지 가는 데 걸린 기간은 평균 18.4년이다. 결국 G7 국가들의 경우 1인당 국민소득이 1만 달러 늘어나는 데 평균 9년 정도 걸렸다는 계산이 나온다. 이 같은 평균의 흐름을 적용하면 우리나라 1인당 국민소득의 3만 달러, 4만 달러 달성 시기를 손쉽게 추정할 수 있다.

먼저 우리나라는 1인당 국민소득 1만 달러(1995년)에서 2만 달러(2007년)까지 가는 데는 12년이 걸려 G7 평균에 비해 3년 정도 뒤처

G7 국가의 1인당 국민소득 추이 (단위: 년)					
	1만 달러 달성	2만 달러 달성	3만 달러 달성	4만 달러 달성	1만→4만 달러
미국	1978	1987	1996	2004	26
일본	1981	1987	1992	2010	29
독일	1979	1991	2004	2007	28
영국	1986	1995	2003	2006	20
프랑스	1979	1990	2004	2007	28
이탈리아	1986	1990	2004	2018	32
캐나다	1980	1989	2004	2006	26
G7 평균	1981	1990	2001	2009	27
한국	1995	2007	2016~18	2020~25	

자료: IMF

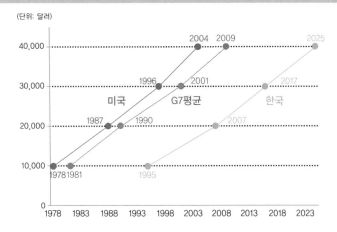

한국, 미국, G7(평균)의 1인당 국민소득 추이

(단위: 달러)

졌다. 1997년 말 외환위기를 겪으면서 마이너스 성장에다 환율이 크게 뛰었기 때문이다. 하지만 지난 일은 지난 일이고, 2007년에다 9년을 더한 2016년이면 3만 달러, 여기다 또 9년을 더하면 2025년에 4만 달러 시대로 진입하게 되는 것이다. 물론 1~2년의 오차가 있을 수도 있고, 중간에 큰 위기를 겪는다면 좀 더 늦어질 수도 있다. 반대로 원화가 강세로 간다면, 즉 원화의 대미 달러 환율이 빠르게 하락한다면 예상보다 빠르게 3만 달러, 4만 달러를 달성할 수도 있을 것이다.

필자의 계산에 따르면 앞으로 4년 동안 매년 실질성장률 3.5%, 물가상승률 2.0%, 환율 하락률(원화 절상률) 1.0%, 인구증가율 0.4%는 되어야 우리나라의 1인당 소득이 2017년에 3만 달러를 넘어설 수 있다. 요즘 거론되고 있는 잠재성장률과 물가, 환율, 인구의 최근 흐름

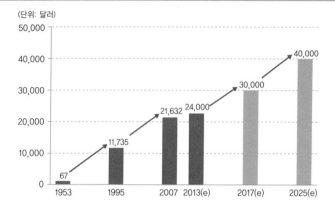

우리나라 1인당 국민소득의 추이 및 전망

(단위: 달러)

에 견주어 상당히 합리적이라고 볼 수 있는 수준이다. 이 경우 1인당 국민소득이 매년 6.1%(=3.5+2.0+1.0-0.4)씩 늘어나면서 2017년이면 3만 400달러라는 계산이 나온다. 불과 3~4년 후면 우리나라가 1인당 국민소득 3만 달러 시대로 진입하게 되는 것이다. 국제통화기금 IMF도 2017년에 우리나라가 소득 3만 달러를 넘어설 것으로 예상하고 있다.

02 ...
자산축적의 시대에서 자산관리의 시대로

    우리나라의 1인당 국민소득이 1,000~3,000달러였던 1980년대 초중반을 기억해보자. 당시만 하더라도 모였다 하면 화투(고스톱)를 치거나 카드놀이를 하는 게 다반사였다. 딱히 함께 즐길 스포츠나 레저가 없었기 때문이다. 이후 등산, 볼링, 테니스에 이어 골프로 옮겨가더니 최근 들어서는 3~4만 달러 시대의 레저라는 승마와 요트가 각광받고 있다. 가족여행 또한 근교나 잘 해야 시외버스 또는 기차를 타고 갔지만 지금은 전 세계 어디나 가지 않는 곳이 없다.

    우리가 사는 주택만 하더라도 단독주택보다는 아파트가 훨씬 많아졌을 뿐 아니라 평수도 엄청나게 커졌다. 필자가 결혼하던 시절인 1980년대 초중반만 하더라도 33m²(10평)짜리 연탄 보일러형 소형 아파트가 신혼부부들이 가장 선호하는 형태였다. 그러나 요즘엔 33m²짜리 아파트를 찾기도 어렵지만 그런 곳에 신혼집을 마련해야 한다고 하면 양가 부모는 물론 당사자들도 의아한 표정으로 쳐다볼 것이다. 우리가 알게 모르게 소득 수준에 따라 기호와 취미는 물론 주거 형태 등도 엄청나게 변하고 있는 것이다.

더 크게 보면 국가 경제는 물론 각 산업의 규모와 흐름도 크게 달라질 수밖에 없다. 소득 1~2만 달러 시대에 각광받던 산업이 사양산업이 되거나 사라지는 반면, 3~4만 달러 시대에 맞는 산업들이 앞서나가거나 새로운 산업이 나타나기 시작할 것이다. 1960년대 우리 수출산업의 기수였던 합판이나 봉제 및 가발산업은 기억이 가물가물할 정도인 반면 요즘엔 자동차, 선박, 휴대폰, 전자제품 등 중후장대하거나 첨단기술제품들이 넘쳐나고 있을 정도이다.

그만큼 돈이 되는 산업으로 돈이 몰리면서 일어나는, 어쩌면 지극히 자연스러운 현상이라고 할 수 있다. 돈이 이처럼 소득 수준에 따라 움직이고 있다면 우리 개인들도 1~2만 달러 시대를 넘어 3~4만 달러 시대에 맞는 재테크 또는 은퇴설계 패러다임을 읽고 그에 맞도록 적응해나가야 할 것이다. G7 국가들의 경험에 비춰보면 소득 1~2만 달러 시대가 자산을 모으고 저축하는 '자산축적資産蓄積의 시대'라면 소득 3~4만 달러 시대는 모은 자산을 굴리고 이용하는 '자산관리資産管理의 시대'가 될 것이기 때문이다. 우리가 살아온 과거를 뒤돌아봐도 상대적으로 못 살던 시대에는 어떻게 하면 돈을 벌어 집을 사고 예금을 늘리느냐 하는 축적의 시대였다. 하지만 어느 정도 살기 시작하면서 모아놓은 돈을 어떻게 관리하고 사용하느냐로 초점이 바뀌고 있는 것이다.

그렇다면 우리는 다음과 같은 질문에 대한 해답을 얻기 위해 노력

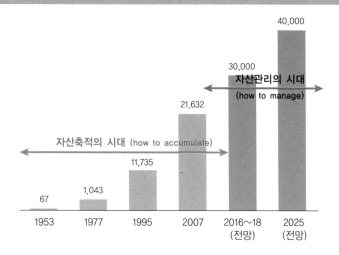

40,000

30,000

자산관리의 시대
(how to manage)

21,632

자산축적의 시대 (how to accumulate)

11,735

1,043

67

| 1953 | 1977 | 1995 | 2007 | 2016~18 (전망) | 2025 (전망) |

해야 할 것이다. 소득 3~4만 달러 시대에도 우리나라 개인들이 계속 부동산을 선호할 것인가? 만약 부동산 비중을 줄이기 시작한다면 향후 부동산 시장과 금융시장에는 어떤 영향을 미칠 것인가? 특히 부동산 비중이 줄어드는 대신 금융자산의 비중이 늘어난다면 그 중에서도 어떤 금융자산의 비중이 늘어날 것인가? 여전히 안전하기는 하지만 낮은 금리의 예금이나 채권을 보유할 것인가? 장수시대의 대표적인 금융상품인 연금과 보험으로 눈을 돌릴 것인가, 아니면 원금손실의 위험을 감수하면서라도 주식과 펀드 등 투자자산의 비중을 늘려갈 것인가? 높아지는 소득 수준은 물론 저금리와 고령화까지 고려한 재테크 및 은퇴설계 패러다임은 어떻게 변해 갈 것인가? 이런 모든 변화가 과연 내 노후 설계와 노후 생활에는 어떤 영향을 미칠 것

인가? 그에 따라 직업별, 연령별 또는 가족 구성에 따라 어떤 맞춤형 은퇴설계가 필요할 것인가? 행복한 은퇴는 이처럼 변화하는 패러다임에 우리가 과연 어떻게 대응하고 준비하면서 설계하느냐에 달려 있는 것이다.

03 ●●

3만 달러 시대와 부동산 시장

소득 3만 달러 시대가 되면 우리나라 사람들의 부동산에 대한 선호도는 어떻게 변할까? 우리나라의 가계 자산 중 부동산이 차지하는 비중은 정확한 통계가 없기는 하지만 그간 필자가 모아 놓은 자료에 따르면 1993년 76%에 달했다. 2001년에는 부동산 비중이 83%까지 더 높아졌지만, 이후 낮아지기 시작해 2013년에는 68%까지 떨어졌다.

통계청이 가계 금융자산 현황을 조사하기 시작한 2010년만 해도 75.8%였던 부동산 비중이 2011년 73.6%, 2012년 69.9%로 낮아진 데 이어 2013년에는 67.8%까지 떨어진 것이다. 그렇다면 앞으로도 계속 부동산 비중이 하락할까? 만약 하락한다면 어떤 속도로 어느 정도까지 하락할까? 이에 대한 대답을 구하기 위해서는 선진국들의 경험을 살펴볼 필요가 있다.

선진국들은 우리보다 먼저 고령화가 진행됐을 뿐만 아니라 1인당 국내총생산GDP도 우리나라보다 앞서 갔기 때문이다. 먼저 미국의 부동산 비중은 40%를 넘어선 적이 한 번도 없다. 미국 내 부동산 또는 주식시장의 호황·불황 여부에 따라 30% 중후반대에서 오르내리고 있다. 무엇보다 국토가 넓고 주택 개발지가 널려 있는 반면, 인구밀도는 낮기 때문이다.

반면, 유럽 대륙의 프랑스와 독일은 부동산 비중이 1980년대에 70%를 넘어선 적도 있다. 하지만 이후 조금씩 낮아져 최근에는 50%

주요국 가계 자산 중 부동산 비중 추이						(단위: %)
국가 \ 년도	1960	1970	1980	1990	2000	2005	2010
미국	35	36	40	40	33	38	30
일본	–	65	65	62	46	41	41
영국	30	46	55	54	44	50	51
프랑스	–	–	71	60	60	65	65
독일	–	68	68	72	60	58	59
한국	–	–	–	76 (1993)	83 (2001)	77 (2006)	68 (2013)

자료: IMF · OECD · 한국은행 · 통계청

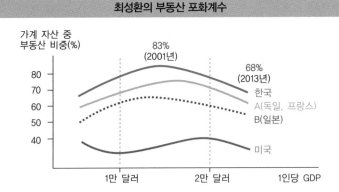

최성환의 부동산 포화계수

가계 자산 중 부동산 비중(%)

83% (2001년)

68% (2013년)
한국
A(독일, 프랑스)
B(일본)
미국

1만 달러　　2만 달러　　1인당 GDP

중후반대에서 움직이고 있다. 일본의 부동산 비중은 1980년대 부동산 거품기에 65%에 달하기도 했지만 최근에는 40% 안팎까지 내려와 있다.

선진국 가계의 부동산 비중에서 어떤 공통점을 찾을 수 있을까? 부동산 비중이 30%대를 유지하고 있는 미국을 제외한 프랑스·독일·일본은 1인당 소득 1만 달러와 2만 달러 사이에서 부동산 비중이 고점을 친 다음 이후 서서히 낮아지는 추세를 보이고 있다. 소득 수준이 올라가면서 내 집 마련에 대한 꿈이 커지고, 또 그에 따라 내 집을 마련하고자 노력을 다할 것이다. 하지만 내 집 마련을 한 다음에는 집에 대한 애착이나 미련이 더 이상 커지지 않는다는 큰 흐름이 비슷하게 나타나고 있는 것이다.

필자는 이 같은 흐름을 '부동산 포화의 법칙 또는 부동산 포화계수'라고 부르고 있다. 소비지출 중에서 식료품비가 차지하는 비중, 즉 엥겔계수가 소득이 낮은 수준에서 올라가기 시작할 때는 따라서 올라가다가 일정 수준 이상 되면 오히려 서서히 낮아지는 '엥겔의 법칙'과 비슷한 상황이 발생한다고 본 것이다.

우리나라의 1인당 소득은 1995년 1만 달러, 2007년 2만 달러를 넘어선 데 이어 2017년을 전후해 3만 달러를 넘어설 것으로 예상된다. 1인당 소득 1만 달러 시대를 돌아보면 '내 집 마련'이 초미의 관심사였다. 하지만 2만 달러를 넘어선 지금은 부동산 시장이 침체한 이유도 있지만 집은 이제 됐고 '늘어나는 나머지 자산, 즉 금융자산을 어떻게 굴릴 것인가'로 초점이 바뀌고 있다고 할 수 있다.

물론 앞으로 부동산 시장이 회복되기 시작하면 가계 자산 중 부동산 비중이 다시 올라가기도 할 것이다. 그러나 예전처럼 80%에 근접하기보다 70% 초중반대까지 올라갔다가 부동산 경기에 따라 중장기적으로 점차 하락하는 흐름을 보일 것이다. 필자는 부동산 비중이 2015년까지는 완만한 상승세 또는 횡보세를 보이다가 생산가능인구가 줄어들기 시작하는 2017년을 고비로 다시 하락세로 돌아설 것으로 예상하고 있다. 1인당 소득 4만 달러가 넘는 프랑스와 독일의 선례를 따라간다면 2020년쯤에는 부동산 비중이 60% 안팎 또는 그 이하로까지 낮아질 것으로 예상된다.

저금리와 장수 리스크가
돈의 흐름을 바꾸고 있다

1980년대 초중반만 하더라도 서울 시내 곳곳에 볼링장과 테니스장을 볼 수 있었다. 볼링장을 의미하는 하얀색의 볼링핀이 여기저기 보였고, 새로 짓는 아파트단지마다 테니스장은 필수 아이템이었다. 하지만 요즘에는 테니스장은 그나마 어쩌다 볼 수 있지만 볼링장은 눈을 씻고 봐도 찾기가 어렵다. 반면 웬만한 큰 사거리에는 스크린골프장과 헬스클럽들이 들어서서 사람들을 유혹(?)하고 있다.

마찬가지로 우리의 먹거리도 엄청나게 바뀌고 있다. 그 많던 다방이 다 사라지고 훨씬 더 많은 프랜차이즈 카페들이 생겨나면서 커피공화국이라는 말이 나오고 있다. 소고기는커녕 돼지고기도 먹기 어려웠던 시절이 언제였냐 싶게 고기 소비량이 늘어나고, 밖에 나가서 먹는 경우가 급증하고 있다. 그 바람에 소비지출 중 음식·숙박비가 차지하는 비중(도시 2인 이상 가구)이 1990년 8.1%에서 2012년에는 12.8%까지 늘어났다. 통계가 없어서 그렇지 1980년대 초반의 음식·

숙박비 비중이 5% 미만이었을 것으로 보면 30년 만에 음식·숙박비 비중이 거의 3배 가까이 늘어난 것이다. 그만큼 외식비와 여행에 따른 숙박비가 급증하고 있기 때문이다.

무엇이 우리의 놀거리와 먹거리를 이렇게 달라지게 만들었을까? 아마도 가장 큰 변화의 동력은 소득 수준의 향상일 것이다. 1인당 소득 1,000~3,000달러 시대였던 1980년대 초중반과 2만 달러 시대인 현재가 같을 수는 없는 것이다. 놀거리와 먹거리만 달라졌을까? 우리의 패션과 주거 형태 등 의식주衣食住에서 달라지지 않은 것을 찾기가 어렵다. 이와 함께 산업구조와 고용구조는 물론 글로벌 수요의 변화를 보여주는 우리나라의 수출 품목도 엄청나게 변하고 있다. 앞서 언급한 대로 합판과 가발, 봉제품은 어디로 사라지고, 그 자리를 자동차와 선박, 휴대폰 등이 대신하고 있다.

이렇게 놀거리와 먹거리는 물론 산업 및 고용구조 등이 상전벽해처럼 변하고 있다면 당연히 그에 따라 돈의 흐름도 바뀔 수밖에 없다. 돈이 가장 먼저 냄새를 맡고 돈이 되는 곳으로 흘러간다고 하지 않는가! 소득이 증가하고 글로벌 수요가 달라지는 등 급변하는 환경 하에서 기업들만 어디에 투자할 것인가를 고민하고 있을까? 개인들 또한 기업에 못지않게 자신들이 가지고 있는 자산을 어디에 투자할 것인가를 고민하고 있을 것이다. 부동산을 살 것인가, 아니면 주식이나 보험·연금과 같은 금융자산으로 보유할 것인가?

개인들의 투자여건 또한 엄청나게 변하고 있다. 소득이 크게 올랐다지만 무엇보다 금리는 자꾸만 낮아지는 반면 살기는 90세를 넘어

100세까지 살 것이라는 말이 나오고 있다. 노후의 가장 큰 적은 '자식, 건강, 욕심'이라고들 하지만 이에 못지않은 것이 '저금리와 장수 리스크'라고 할 수 있다. 금리가 10% 안팎만 돼도 퇴직금 등으로 마련한 예금이나 채권 등으로 죽을 때까지 걱정 없이 살아갈 수 있다. 은퇴 후 남은 기간이 10년, 20년이라면 모아 놓은 돈을 헐어서라도 살면 된다. 하지만 장수 리스크, 즉 예상보다 너무(?) 오래 살아 여생餘生이 30년, 40년이 된다면 죽기 전 10~20년은 돈이 모자라 가난에 시달릴 수밖에 없다는 계산이 나오는 것이다.

이처럼 저금리와 장수 리스크가 우리의 노후를 위협하고 있는 상황에서 어떻게 돈을 굴려야 할까? 이에 답하기 전에 먼저 지난 10년간 사람들이 돈을 어떻게 굴려왔는가를 살펴보자. 한국은행의 자금순환 통계는 경제 및 금융 행위의 주체인 정부와 금융회사, 기업, 가계가 돈을 어떻게 굴리고 있는가를 보여주는 좋은 지표이다. 10여 년 전인 2002년 말 현재 가계(비영리단체 포함)가 보유한 금융자산은 총 1,084.1조원이었다. 이 중 현금 및 예금이 543.6조원(50.1%)으로 절반 정도를 차지했다. 나머지 절반을 채권 47.8조원(4.4%), 보험·연금 231.7조원(21.4%), 주식 및 출자지분 153.1조원(14.1%), 투자신탁이 90.1조원(8.3%) 등으로 나누어 가지고 있었다.

10여 년이 지난 지금 가계의 금융자산 구성이 어떻게 변했을까? 2013년 9월 말 현재 금융자산 총액이 2,586.2조원으로 2.5배 정도 늘어난 가운데 현금 및 예금이 1,053.0조원으로 40.7%로 줄어들었다. 2002년 50.1%에서 10여 년 만에 10%포인트나 급감한 것이다. 투자

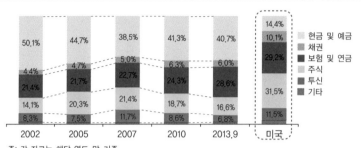

우리나라 가계의 금융자산 포트폴리오 추이

	2002	2005	2007	2010	2013.9	미국
현금 및 예금	50.1%	44.7%	38.5%	41.3%	40.7%	14.4%
채권	4.4%	4.7%	5.0%	6.3%	6.0%	10.1%
보험 및 연금	21.4%	21.7%	22.7%	24.3%	28.6%	29.2%
주식	14.1%	20.3%	21.4%	18.7%	16.6%	31.5%
투신	8.3%	7.5%	11.7%	8.6%	6.8%	11.5%

주: 각 자료는 해당 연도 말 기준
자료: 한국은행, 미국 FRB(2012)

신탁도 8.3%에서 6.8%(176.7조원)로 줄어들었다. 대신 보험·연금이 21.4%에서 28.6%(740.4조원)로 가장 크게 늘어났고, 채권이 4.4%에서 6.0%(154.3조원), 주식 및 출자지분이 14.1%에서 16.6%(429.6조원)로 증가했다.

이 같은 변화는 가계, 즉 우리나라 개인들이 지난 10년 동안 소득 변화는 물론 저금리와 장수 리스크에 매우 민감하게 반응해온 증거로 볼 수 있다. 특히 저금리와 장수 리스크에 대응해 원금이 보장되지만 수익률이 낮은 대표적인 저축자산인 현금 및 예금을 대폭 줄이는 대신 보다 수익률이 높은 채권과 주식, 장수 리스크에 적극 대응할 수 있는 상품인 보험·연금 쪽으로 눈을 돌린 것이다. 수익률을 높일 수도 있지만 원금손실 가능성이 있는 대표적인 투자자산인 주식의 경우 2002년 14.1%에서 16.6%로 늘어났다. 주식시장이 호황이었던 2007년에는 주식보유비중이 21.4%까지 높아졌다가 2008년 글로벌 금융위기 이후 최근까지 돈이 빠져나가면서 16.6%까지 줄어든

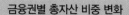

금융권별 총자산 비중 변화

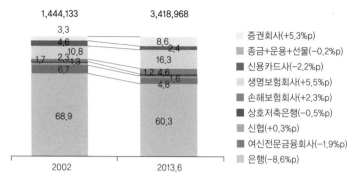

단위: 십억원, %, %p

자료: 금융감독원 금융통계월보, 한화생명 은퇴연구소

것이다. 주식형 펀드 등을 포함하는 투자신탁에서의 흐름은 더 드라마틱하다. 금전신탁과 수익증권의 합계인 투자신탁의 비중은 2002년 8.3%에서 2007년 11.7%까지 급등했다가 최근에는 6.8%로 반 토막 정도까지 줄어들었다.

이 같은 금융자산의 흐름은 금융권별 자산비중에서도 읽을 수 있다. 2002년 1,444조원이었던 국내 금융산업의 자산 규모는 이후 연평균 8.1%의 고성장을 지속하면서 2013년 6월 현재 3,419조원으로 2.5배의 양적 성장을 기록했다. 이를 금융권별 비중으로 보면 은행이 68.9%에서 60.3%로 크게 줄어들고 있다. 반면 생명보험회사가 10.8%에서 16.3%로, 증권회사가 3.3%에서 8.6%로 각각 5%포인트 이상씩 증가하고 있다. 손해보험회사도 2.3%에서 4.6%로 급증하고 있다. 은행에 대한 예금 증가가 둔화되면서 은행의 자산비중이 계속 줄어드는 대신 보험회사와 증권회사가 세를 키워가고 있는 것이다.

실제로 60대 이상 고령층의 저금리와 장수 리스크에 대한 우려는 늘어나는 주식투자에서도 잘 나타나고 있다. 거래소KRX의 통계(2012년)에 따르면 국내 주식투자인구 502만 명 중 60대 이상의 비중이 21.1%에 달하고 있다. 이는 2009년의 13.2%에서 3년 만에 무려 8%포인트나 급증한 것이다. 주식 시가총액에서 60대 이상 고령층이 보유하고 있는 주식의 비중 또한 2009년 24.6%에서 2012년 35.6%로 기간 중 11%포인트 이상 급증하고 있다. 주식 투자인구에서 차지하는 비중에서는 60대 이상이 21.1%로 40대(27.1%)와 50대(24.8%)보다 작지만, 시가총액 보유비중은 35.6%로 40대(22.9%)와 50대(30.0%)보다 크게 높은 것으로 나타나고 있다. 은퇴한 이후 주식과 같은 위험자산에 과도하게 투자하는 것은 노후를 위험에 빠뜨릴 수도 있지만 60대 이상 고령층들이 국내 주식시장에서 이미 가장 큰 손의 역할을 하고 있다고 볼 수 있는 부분이다.

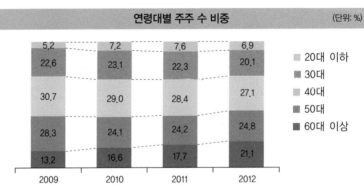

연령대별 주주 수 비중 (단위: %)

	2009	2010	2011	2012
20대 이하	5.2	7.2	7.6	6.9
30대	22.6	23.1	22.3	20.1
40대	30.7	29.0	28.4	27.1
50대	28.3	24.1	24.2	24.8
60대 이상	13.2	16.6	17.7	21.1

주: 유가증권, 코스닥시장 합산비율, 2012.12.28일 종가 기준
자료: 주식투자연구 및 주식보유현황조사, KRX

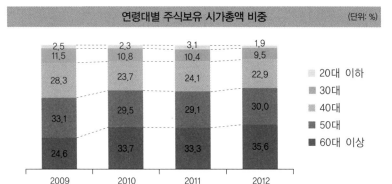

주: 유가증권, 코스닥시장 합산비율, 2012.12.28일 종가 기준
자료: 주식투자연구 및 주식보유현황조사, KRX

앞으로도 이 같은 흐름은 계속될 것으로 예상된다. 물론 그간 급속하게 움직인 데 따른 속도 조절의 가능성은 있겠지만 저금리와 장수 리스크가 계속 이어지는 한 은행에서 돈이 빠져나와 보험과 증권 쪽으로 흘러갈 것이라는 점에 큰 이의를 제기하지는 않을 것이다. 미국과 유럽 등 주요 선진국들에서도 관찰할 수 있는 흐름이다.

05 ...
5저低 2고高 시대의
재테크 및 은퇴설계 전략

영국계 대형은행 HSBC가 몇 년 전 22개국 성인남녀 24,000명을 상대로 "당신은 은퇴라는 단어에서 무엇을 떠올리느냐?"는 질문을 던졌다. 우리나라 사람들은 '두려움, 외로움, 지루함'이라고 답한 반면 선진국 국민들은 '자유, 행복, 만족'이라는 대답을 내놓았다. 무엇이 이렇게 큰 차이를 만들었을까? 준비된 은퇴와 준비 안 된 은퇴의 차이일 것이다.

은퇴준비 또는 은퇴설계는 살아가는 동안 소득과 지출의 갭gap을 적절히 조절함으로써 현금 흐름cash flow에 큰 문제가 발생하지 않도록 만들어주는 것이다. 하나의 프로젝트를 시작단계부터 끝까지 현금 흐름에 문제가 생기지 않도록 수입과 지출을 적절히 맞춰주는 파이낸싱, 즉 프로젝트파이낸싱PF과 다를 게 없다. 이 때 은퇴설계의 어려움은 프로젝트의 진행과정 중 가장 중요한 사건(?)이라고 할 수 있는 '은퇴'와 '사망시점'을 정확하게 알 수 없다는 데 있다. 아파트 건

자료: 한화생명 은퇴연구소

설과 같은 통상적인 PF도 돌발사태에 제대로 대응을 못하거나 만기를 못 맞추면 소송이 제기되는 등 엄청난 어려움을 겪게 된다. 하물며 언제 소득이 줄어들지 또 언제 만기가 돌아올지 모르는 PF라면 얼마나 더 어렵겠는가?

이처럼 어려운 인생 또는 은퇴설계라는 PF를 성공적으로 마무리하기 위해서는 어떤 것들이 필요한가? 특히 우리 경제가 '5저低 2고高' 시대로 진입하고 있는 상황에서 은퇴준비를 어떻게 해야 할 것인가? 여기서 5저 2고는 '저성장·저물가·저자산(부동산) 가치·저고용·저금리'와 함께 '고령화·고소득화'가 빠르게 진행되고 있는 상황을 말한다. 우리 경제가 2~3%대의 낮은 성장률, 1% 안팎의 낮은 소비자물가상승률, 기껏해야 횡보하거나 떨어지는 부동산 가격과 주식 가격, 늘어나는 청년 및 중장년 실업률, 2%대의 낮은 은행예금 금리 등 5가지 거시지표의 낮은 수준에서의 횡보가 계속될 것이다. 또한 고령화와 고소득화(3만 달러 시대로의 진입)라는 2가지 높은 수준의 거시지 표가 계속 이어질 것으로 보는 것이다.

이 같은 상황에서 가장 먼저 새겨야 할 일은 은퇴준비는 빠르면 빠를수록 좋다는 것이다. 우리나라 직장인들의 은퇴시기는 평균 53~54세에서 더 빨라지면 빨라졌지 늦춰질 것 같지 않은 반면 평균 수명은 갈수록 늘어나고 있다. 은퇴한 후 30~40년을 더 살아야 하는 경우가 흔히 발생하고 있는 것이다. 은퇴준비를 빨리 할수록 복리複利 효과 등을 통해 보다 많은 돈을 모을 수 있는 것은 물론 정신적 여유와 안정감도 얻을 수 있을 것이다.

두 번째는 고령화와 고소득화 현상이 진행되면 부동산 가격이 장기적으로 하락안정세를 이어갈 수밖에 없으리라는 점이다. G7 중에서도 인구 및 국토면적에서 우리나라와 그 중 엇비슷한 독일과 프랑스의 경우 가계 총자산 중 부동산 비중이 1인당 국민소득 1만 달러대에서 고점(71~72%)을 치고 내려오고 있다. 우리나라 부동산 비중도 1인당 소득 1만 달러 중반인 2000년대 초반에 고점(83%)을 찍고 하락하는 추세를 보이고 있다. 소득 수준이 3만 달러로 향하면서 우리나라의 부동산 비중도 최근의 68%(2013년)에서 60% 초중반대까지 더 떨어질 것으로 예상된다. 물론 수도권 부동산 시장이 회복되기 시작하면 부동산 비중이 다시 반등하기도 하겠지만 중장기적으로는 60% 선까지 낮아지게 될 것이다.

세 번째는 투자수익에 대한 눈높이를 낮춰야 한다는 점이다. 5저 2고 하에서는 경제 전체는 물론 기업들도 일본처럼 활력이 떨어질 수밖에 없다. 그렇다면 주식가격 또한 상승세를 이어가기는 어려울 것이다. 아울러 저성장·저물가시대에는 저금리를 동반하는 것이 자연스러운 현상이다. 가진 자산의 상당 부분을 예·적금 또는 연금과 보험처럼 저수익이지만 원금손실 위험이 없는 안전한 금융상품으로 착실하게 운용하는 것이 바람직하다. 이 때 비과세 등 절세혜택이 있는 금융상품을 최우선으로 선택해야 할 것이다. 저금리시대에는 절세가 적잖은 수익으로 돌아오기 때문이다.

네 번째는 그러면서도 끊임없이 고수익 기회를 노려야 한다는 것이다. 낮은 수익의 안전자산에 대한 저축만으로는 은퇴준비가 부족하기 때문이다. 주식시장의 경우 저금리로 금융자산을 굴릴 곳이 없는 돈이 몰리면서 고위험·고수익시장으로서의 위상을 유지할 것이다. 특히 20~40대의 젊은 연령대일 경우 주식 또는 주식형 펀드 투자를 통해 수익을 올려 놓아야 노후준비에 차질을 빚지 않을 것이다. 흔히 위험자산 투자비중을 '100-나이'라고 한다. 그러나 앞으로는 젊을수록 '100-나이+α, α〉0'로 가져가야 한다. 이 때 α의 크기는 개인의 위험선호도에 따라 달라질 것이다. 젊어서의 투자 실패는 회복이 가능할 뿐 아니라 또 다른 투자기회를 줄 것이다.

다섯 번째는 보다 높은 수익을 위해 해외로도 눈을 돌려야 한다는 점이다. 우리나라도 저금리가 지속될 경우 미국의 스미스 부인과 일본의 와타나베 부인처럼 수많은 김씨 부인, 이씨 부인이 나올 수밖에 없다. 일본의 경우 니케이지수가 2003년 7,500엔까지 하락했다가 2년 뒤에는 거의 2배에 달하는 14,000엔까지 상승하기도 했다. 이후 다시 하락세로 돌아섰지만 기회를 잘 잡으면 언제든지 수익을 올릴 수 있다는 것을 잘 보여주고 있다. 최근 몇 개월 사이에 니케이지수가 30% 이상 급등한 것도 좋은 예라고 할 수 있다. 현금 또는 언제든지 찾을 수 있는 예금을 가지고 있다가 투자기회가 왔다 싶으면 바로 투자에 나서야 한다. 아울러 지속적인 발전이 예상되는 신흥시장국의 주식에 투자하는 펀드를 잘 선택할 경우 높은 수익을 올릴 수 있을 것이다.

마지막 하나는 예·적금과 연금, 적립식 투자 등으로 죽을 때까지 현금 흐름을 잘 만들어 놓았다고 하더라도 남은 적敵이 하나 있다는 점이다. 바로 암이나 심장질환과 같은 큰 병에 걸려서 예상치 못한 큰 지출이 발생하는 것이다. 이에 대비해 괜찮은 보장성 보험 하나 정도는 들어둬야 안정적인 현금 흐름에 더해 건강도 마음도 편안하게 가져갈 수 있다. 결국 큰 욕심을 부리지 않으면서 남보다 일찍 시작한 은퇴준비만이 당신의 '두려움, 외로움, 지루함'을 '자유, 행복, 만족'으로 바꾸어줄 것이다.

06 •••
프랑스와 한국의 중산층:
2만 달러 vs 4만 달러

"아빠, 이거 누군가 우리나라 사람들을 깎아 내리려는 음모론 아니에요?"

"엥, 음모론이라구? 글쎄…?"

2012년 중반 카톡 등 SNS에 떠돌아다니던 미국, 영국, 프랑스, 한국의 중산층의 정의를 딸에게 보냈더니 바로 날아온 반응이다. 필자는 웃어 넘겼지만 마침 프랑스 파리에 살고 있는 딸에게는 모국인 한국 사람들만 '돈, 돈' 하며 산다는 것에 대해 마음이 상당히 상했나 보다. 바로 대답을 못하다가 필자가 생각해낸 궁여지책은 다음과 같았다.

"아무래도 우리나라는 아직 소득 수준이 2만 달러로 낮은 반면 프랑스와 미국 등은 소득 수준이 4만 달러를 넘고 있어서 그런 게 아닐까? 프랑스와 미국 등도 소득이 2만 달러대였던 10여 년 전에는 비슷하지 않았을까?"

소득이 4만 달러 정도 되면 나와 내 가족이 먹고 사는 것을 넘어 남도 돌아다보는 등 행태가 크게 달라질 것이라는 게 필자의 생각이다.

도대체 우리나라 중산층의 정의가 미국 등과 얼마나 달랐길래 음모론이라는 생각까지 들었을까? 프랑스의 경우 중산층의 기준이 외국어 하나 정도 할 수 있어야 하고, 직접 즐기는 스포츠가 있어야 하고, 다룰 줄 아는 악기가 있어야 한다. 또한 남들과 다른 요리를 만들수 있어야 하고, 공분公憤에 의연히 참여하고, 약자를 도우며 봉사활동을 꾸준히 해야 한다. 미국과 영국도 약자를 돕거나 두둔하고 불의와 불법에 의연히 대처하는 등 비슷한 기준을 내세우고 있다.

주요국 중산층 비교

한국
- 부채 없는 아파트 99m² 이상 소유
- 월 급여 500만원 이상 소유
- 자동차 중형 이상 소유
- 예금잔고 1억원 이상 소유
- 해외여행 연 1회 이상

미국
- 자신의 주장에 떳떳하며
- 사회적인 약자를 돕고
- 부정과 불법에 저항하는 것
- 정기 구독하는 비평지가 있을 것

영국
- 페어 플레이를 할 것
- 자신의 주장과 신념을 가질 것
- 약자를 두둔하고 강자에 대응할 것
- 독선적으로 행동하지 말 것
- 불의와 불법에 의연히 대처할 것

프랑스
- 외국어를 하나 정도 할 수 있어야 하고
- 직접 즐기는 스포츠가 있어야 하고
- 다룰 줄 아는 악기가 있어야 하며
- 남들과 다른 요리를 만들 수 있어야 하며
- 공분에 의연히 참여하고
- 약자를 도우며 봉사활동을 꾸준히 할 것

자료: 한화생명 은퇴연구소

그 중에서도 프랑스의 중산층 기준이 가장 멋있고 따라 하고 싶은 조건이 아닐까? 외국어 하나 정도 해야 한다는 데 프랑스 사람이라면 대부분 영어를 택할 것이다. 영어와 프랑스어를 구사하면 전 세계 어디를 여행하더라도 불편함이 없을 것이다. 여기다 스포츠 하나와 악기 하나 정도면 가족이나 친구들과 즐기는 데 전혀 부족함이 없을 것이다. 더욱이 특기라면서 만들 수 있는 요리가 하나 정도라면 세상에 부러울 것이 없지 않을까?

반면 우리나라의 중산층 기준은 하나부터 열까지 돈과 관련된 것들이다. 부채 없는 아파트 99m² 이상을 가진 사람으로 월 급여가 500만원 이상은 돼야 한다. 또 중형 자동차를 굴리면서 예금잔액은 1억원은 넘어야 하고, 해외여행을 연 1회 이상은 다녀야 행세깨나 하는 축에 든다는 것이다.

그런데 과연 이 정도 되는 사람이 우리나라에서 얼마나 될까? 서울에 사는 사람이라고 해 보자. 99m² 아파트면 적어도 5~6억원은 할 것이고, 부채가 없는 데다 예금이 1억원 이상이면 순자산 규모가 적어도 6억원 이상이다. 통계청의 2013년 가계금융조사에 따르면 순자산(=자산−부채, 2인 이상 가구) 기준으로 6억원 이상을 보유한 가구는 10.1%에 불과하다. 순자산 기준을 5억원으로 낮춰도 13.5%밖에 안 된다. 따라서 여기서 말하는 중산층 기준은 정확하게 보면 우리나라에서 상류층 또는 부자의 기준이라고 할 수 있다. 어쨌거나 아직은 소득이 2만 달러 시대를 벗어나지 못하면서 자신이 원하는, 목표로 하는 부富 또는 자산의 수준을 중산층의 기준으로 하고 있는 셈이다.

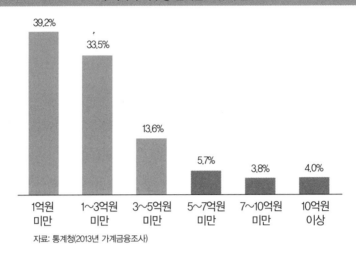

우리나라 가구당 순자산 보유액 분포

39.2%

33.5%

13.6%

5.7%

3.8%

4.0%

| 1억원 미만 | 1~3억원 미만 | 3~5억원 미만 | 5~7억원 미만 | 7~10억원 미만 | 10억원 이상 |

자료: 통계청(2013년 가계금융조사)

하지만 소득 3만 달러를 넘어 4만 달러 시대로 진입하는 2020년대 초 중반에 가면 우리나라도 나름대로 제대로 된 중산층 기준을 만들 수 있을 것으로 기대한다.

미국의 심리학자 에이브러햄 매슬로의 '욕구 5단계' 이론에 따르면 사람은 의衣 · 식食 · 주住와 안전(건강)의 욕구가 해결되면 더 많은 것을 꿈꾸기 시작한다. 먹고 살 만해지면서 여유가 생기기 시작하면 여가 및 문화 활동 등 사람들과의 관계를 통해서 나의 존재를 확인받는 것을 넘어 자원봉사 또는 사회적 기여를 통해 남들로부터 존경받고자 하는 욕구가 생긴다는 것이다. 나아가 궁극적으로는 기부 또는 상속 등을 통해 자아를 실현하고자 한다는 것이다. 소득 2만 달러 시대가 이제 막 생리적 욕구와 안전의 욕구를 넘어 사회적 욕구 단계로

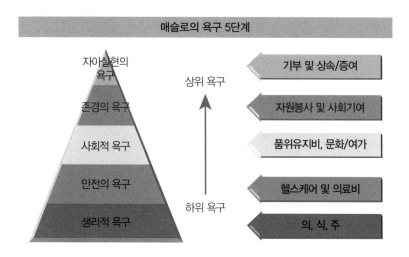

진입하는 즈음이라면, 앞으로 우리나라도 3~4만 달러 시대로 올라
서면서 존경의 욕구와 자아실현의 욕구가 강해지는 것은 당연하다고
할 수 있다.

07 ...

한국 부자와 미국 부자

미국에서 부자가 되는 가장 보편적인 방법은 무엇일까?

"첫째, 아이디어를 낸다. 둘째, 회사를 세운다. 셋째, 회사를 판다."

하지만 이 방법이 우리나라로 건너오면 어떻게 변할까? 두 번째까지는 같지만, 마지막이 다음과 같이 바뀌지 않을까.

"셋째, 회사를 물려준다."

이는 곧 미국의 경우 자수성가형 부자가 많은 반면 한국은 상속형 부자가 상대적으로 더 많다는 의미로 해석할 수 있을 것이다.

경제잡지 '포브스Forbes'가 미국 내 400대 부자를 발표하기 시작한 해는 1982년이었다. 당시만 하더라도 자수성가형과 상속형이 각각 212명과 188명으로 거의 절반씩이었다. 하지만 최근 들어서는 자수성가형이 70%로 늘어난 반면 상속형 부자는 30%로 줄어들었다. 상속형 부자의 경우 여러 명의 자손에게 지분이 넘어가면서 큰 부자 대열에서 밀려나고 있기 때문이다. 그렇기는 해도 억만장자 10명 중 3

명 정도가 상속에 의한 부자라면 적지 않은 수라고 할 수 있다.

사실 미국의 경우에도 1800년대 중반을 전후한 산업자본 초기만 해도 창업이나 부동산 투자를 통해 부자가 된 사람들은 자손들에게 부를 상속하는 것이 인생의 최대목표였다. 당시에 나온 소설들을 읽어보면 그들도 어떻게 자식들에게 기업 등 재산을 잘 넘겨주느냐 하는 과정에서 수많은 이야깃거리를 만들어내고 있다. 이후 미국의 소득 수준이 전반적으로 올라가는 동시에 빈부의 격차가 커지면서 기업의 사회적 책임에 대한 논란이 활발하게 일어났다. 많이 버는 것도 중요하지만 어떻게 쓰느냐가 더 중요하다는 사회적 인식이 자라나기 시작했기 때문이었다.

▍카네기와 록펠러

1870년대 후반 미국 석유시장의 95%를 독점하면서 미국 경제를 주무르던 '석유왕' 존 데이비슨 록펠러. 그는 온갖 편법을 써서 석유사업의 동맥인 철도를 장악하는 것은 물론 뇌물과 리베이트로 경쟁자를 물리쳤을 뿐 아니라 노동운동을 철저히 탄압했다. 당시 시오도어 루스벨트 대통령이 "록펠러가 얼마나 선행을 하든 그 부를 쌓기 위해 저지른 악행을 갚을 수 없을 것"이라고 말할 정도였다. 미국인들은 그에게 '우리 시대의 가장 혐오스러운 인물'이라는 불명예스러운 별명을 붙여 주었다. 그러나 록펠러는 말년에 '하나님의 뜻에 따라' 막대한 재산을 사회에 기부하기 시작했다. "신에게서 돈을 버는 재능을 부여받았기 때문에 더 많은 돈을 주위 사람들에게 베풀어야 한다"면서 외아들 록펠러 2세가 자선사업가로 설 수 있도록 열과 성을 다했다. 특히 사업에서 손을 뗀 후에는 평소대로 검소하고 신앙심 깊은 농부로 살다가 죽었다. 결국 록펠러는 죽기 전에 '위대한 기부자'라는 말을 듣기 시작하면서 '철강왕' 앤드류 카네기와 함께 존경받는 부자 패밀리의 선구자가 되었다.

카네기는 '부자로 죽는 것은 부끄러운 일'이라는 평소 소신대로 재산의 대부분을 기부했고, 은퇴 후에는 자선사업에 헌신했다. 당시 최대의 부자였던 카네기와 록펠러가 경쟁적으로 자선사업에 나선 것은 미국 자본주의의 커다란 행운이었다. 무엇보다 큰 부자가 큰 자선사업을 할 수 있다는 좋은 선례를 남겼기 때문이었다. 또한 미국이 약육강식이라는 가장 자본주의적인 시스템을 오랫동안 유지하면서도 부자들에 대한 반감이 상대적으로 적은 것도 이들과 같은 존경받는 부자가 계속 이어졌기 때문이다.

▌워렌 버핏과 빌 게이츠

"내일도 그냥 평범한 하루일 뿐이야It's just another day."

난데없이 웬 폴 메카트니의 노래가사냐 하겠지만 워렌 버핏이 2006년 6월 재산의 85%(310억 달러)를 기부하기로 발표하기 전날 기분이 어떠냐고 물은 데 대한 대답이었다. 버핏이 세 자녀와 두 손자, 빌 게이츠 부부와 함께 저녁식사를 하는 자리에서였다. 타임과 포춘 출신의 두 기자(피터 번스타인·애널린 스완)가 포브스의 400대 부자들을 25년간 추적해서 쓴 '리치The Rich'라는 책에 나오는 이야기이다.

버핏은 더욱이 자신의 이름이 붙은 재단을 따로 만들지 않고 기부금의 70% 정도를 빌 앤 멜린다 게이츠 재단에 기부하겠다고 발표했다.

절친한 친구이자 부자 순위 1, 2위를 다투던 마이크로소프트ms의 빌 게이츠는 그 열흘 전에 2008년이 되면 경영일선에서 물러나 게이츠 재단을 운영하는데 전념하겠다고 발표했고, 그는 이 약속을 지켰다. 사람들은 게이츠와 버핏의 기부와 헌신을 '부富의 역사상 가장 아름다운 행동'이라는 찬사로 답했다. 카네기와 록펠러가 만든 부자의 전통을 게이츠와 버핏이 이어가고 있는 것이다.

이외에도 기부대열에 참여하는 미국의 부자들을 일일이 열거하기도 쉽지 않다. 고든 무어, 조지 소로스, 엘리 브로드, 월튼 가문, 알프레드 만, 허버트 샌들러, 테드 터너, 마이클 델 등은 2006년 현재 10억 달러 이상을 기부했다. 10억 달러면 1조원이 넘는 천문학적인 규모의 돈이다. 이들 대다수는 특히 빈손으로 무덤에 들어가기로 약속했다. 보스턴대학의 자선사업연구소가 2005년에 재산이 3,000만 달러 이상인 부자 91명을 대상으로 조사한 결과에 따르면 이 중 65%가 죽기 전에 전 재산의 대부분을 기부할 생각이라고 밝히고 있다. 바로 이들이 결코 평범하지 않은 미국 사회를 만들어 가고 있는 것이다.

▎구두쇠와 기부자는 DNA가 다르다

이쯤에서 우리나라 부자들에게 화살을 돌려보자. 우리나라에서 부자 하면 가장 먼저 무엇이 떠오를까?

"어떻게 돈을 벌었을까? 모르긴 해도 그렇게 그렇게 벌었거나 물려받았겠지. 아마도 상속세도 제대로 내지 않았을 거야. 미국에서는 부자들이 오히려 상속세율을 올려야 한다는 청원을 내기도 한다는데 말이야. 임금을 착취하거나 부동산 투기나 일삼는 반면 기부에는 인색하니까 욕을 먹어도 싼 사람들이지."

우리나라는 상속형 부자가 많을 것이라는 인식이 높지만 실제로는 어느 정도일까? 부자에 대한 정의가 사람마다 다르기는 하지만 통상 메릴린치 자산운용과 컨설팅회사 캡제미니가 매년 공동으로 발표하는 '세계 부자보고서'에서 부동산과 자동차 등의 자산을 제외한 순수 금융자산으로 100만 달러 이상을 소유한 사람을 부자로 보고 있다. 이에 속하는 부자가 우리나라는 2012년에 16만 명 정도 되고, 이들이 총 461조원을 보유하고 있는 것으로 집계됐다. 금융자산만 평균 30억원 정도 가지고 있고, 이들 부자들은 총 자산 중 금융자산 비중이 55% 정도 되니까 평균적으로 50~60억원 정도의 총 자산(=부동산+금융자산)을 가지고 있는 부자라고 할 수 있다. 부자학연구학회 회장으로 있는 한동철 서울여대 교수는 이들 16만여 명 중 상속형 부자는 5% 미만으로 추정하고 있다. 나머지 95%는 자수성가형 부자들이다. 자수성기형 부지를 자영업자형(60%)과 전문직 종사자 또는 벤처 사업가를 의미하는 전문가형(35%)으로 세분하기도 하지만 둘 다 가진 것 없이 시작해 부자가 됐다는 점에서 자수성가형으로 합쳐도 큰 문제는 없을 것이다.

한동철 교수에 따르면 앞서 언급한 것처럼 미국의 경우 400대 부자와 같은 큰 부자들은 상속형이 30% 정도 되지만 금융자산 100만 달러 이상의 부자(246만 명)를 기준으로 할 경우 미국의 상속형 부자는 10% 정도이고, 자수성가형 부자가 90%를 차지하고 있다. 미국이 우리나라보다 오히려 상속형 부자가 더 많다고 볼 수도 있지만 우리나라 미국이나 웬만한 부자들은 대부분 자수성가형이라고 할 수 있는 대목이다.

2007년 12월, 주요 언론들이 '구두쇠와 기부자는 유전자가 다르다'라는 재미있는 연구결과를 보도했다. 이스라엘 히부르 대학의 심리학과 연구팀이 성인남녀 203명에게 각각 12달러씩을 주면서 그 돈을 원하는 대로 사용하라고 선택의 기회를 줬다. 단 실험대상자들에게 주어진 선택 모드는 '받은 돈을 모두 자신이 가지거나 돈의 일부 또는 전부를 남에게 기부하는 것'이었다.

연구팀은 이들의 선택의 결과와 미리 채취한 실험대상자의 DNA 샘플을 비교해 보았다. 그랬더니 'AVPR1a'라는 유전자가 있느냐 없느냐에 따라 기부행태가 크게 달라지는 것을 발견했다. 일종의 단백질 유전자인 'AVPR1a'를 가진 사람이 그렇지 못한 사람에 비해 50% 이상 많은 돈을 기부한 것으로 나타난 것이다. 연구팀은 "이번 실험이 DNA의 특정유전자와 기부와 같은 이타적利他的 행동이 깊은 관계가 있음을 입증하는 최초의 증거"라고 주장했다. 마치 명랑하거나 낙천적인 성격이 유전되는 것처럼 기부 또는 자선활동과 같은 행동도 대를 이어 유전된다는 것을 보여준 셈이다.

그렇다면 미국인들은 'AVPR1a'라는 기부 유전자가 많은 인종인 반면 우리나라 사람들은 'AVPR1a'라는 기부 유전자가 적은 인종인가? 물론 현재의 상황으로만 본다면 우리나라 사람들의 기부 유전자가 상대적으로 적다고 할 수 있다. 자선 관련 연구로 유명한 뉴욕대학의 클래어 가우디아니 교수에 따르면 미국은 세계에서 가장 많이 기부하는 나라로 손색이 없다. 미국인들은 국내총생산GDP 대비 기부금액의 비중이 1.8%(이하 2006년 기준)에 달해 두 번째로 높은 영국의 0.7%에 비해서도 두 배 이상 높다. 세 번째인 프랑스가 0.14%이고, 그 뒤를 잇는 남아프리카공화국·싱가포르·터키·독일 등의 기부금액 비중은 0.1%를 넘지 못한다. 관련 통계가 없지만 우리나라 역시 0.1%를 넘지 못할 것이다.

미국은 비중이 높기도 하지만 절대금액에서는 전 세계 기부금을 다 합친 것보다도 더 많다. 2006년 한 해 동안 미국인들이 기부한 금액은 2,920억 달러로 2006년 우리나라 GDP(8,874억 달러)의 30%를 넘는 엄청난 규모이다. 자산이 100만 달러 이상인 부자들의 기부 참여율이 98%에 달하는 등 개인의 비중이 83.6%로 압도적 다수를 차지하고 있다. 기업의 기부액 비중은 4.8%에 불과하고 나머지 11.6%는 재단으로부터의 기부금이다. 또한 총 기부액의 70% 이상이 연봉 3만 달러 이하의 평범한 사람들의 호주머니에서 나오고 있다니까 잘 사는 사람, 못 사는 사람 가릴 것 없이 미국인 거의 모두가 기부에 참여하고 있는 셈이다.

반면 우리나라의 경우 개인의 비중은 15.8%에 불과하고, 기업의 비중이 67.5%로 절대적이다. 나머지는 사회 및 종교재단이 12.2%, 공공기관이 4.5%를 차지하고 있다. 개인 평균을 보면 미국은 1인당 연간 기부액이 800~1,000달러(2007년 기준 약 80~100만원) 정도인 반면 우리나라의 경우 5만 7,900원(아름다운 재단, 2004년 20세 이상 대상)으로 국민소득 차이를 감안하더라도 우리나라 개인들의 기부액이 미국에 크게 못 미치고 있다. 우리나라의 일반 국민들은 물론 부자들이 인색한 결과라고 볼 수 있다.

▌카네기보다 60년이나 빠른 임상옥

그러나 크게 실망할 일은 아니다. 지금 인색하다는 것은 거꾸로 앞으로 기부 여력이 무한하다고 볼 수 있기 때문이다. 더욱이 우리나라도 얼마든지 존경받는 부자를 찾을 수 있다. 10대 300년을 이어온 경주 최부잣집 외에도 전남 구례의 문화 류씨, 전남 해남의 해남 윤씨 등 수대를 이어 자선과 적선으로 유명한 양반가들이 적지 않다. 이들에 대한 관심과 기록, 홍보가 상대적으로 적었을 뿐이다.

정직과 신의로 돈을 벌어 가난을 구제한 거상巨商 임상옥. 1770년대 후반 가난한 상인의 아들로 태어난 그는 30대 초반에 조선의 인삼 독점권을 따내면서 당대의 거부로 올라섰다. 홍경래의 난(1811년) 때는 방수장으로 의주성을 지키는데 공을 세웠고, 자신의 재산으로 가난한 사람들을 구제한 공로를 인정받아 곽산군수를 거쳐 구성부사로 임명받았다. 반상班常의 구분이 확실하던 시대에 상인 출신이라는 가장 낮은 신분에서 정3품(또는 종3품)의 관직에까지 오를 정도였으니 그가 빈민구제를 위해 얼마나 많은 재산을 내놓았는지 가늠할 수 있을 것이다.

조선왕조실록에 임상옥이 단 한 차례 나온다. 헌종 1년(1835년) 비변사에서 "비천한 상인을 2년 만에 더 높은 관직에 임명하는 것은 전례가 없는 일"이라고 주청하자 왕이 윤허하였다는 것이다. 임상옥에 대한 기록이 거의 없을 뿐 아니라 그가 지었다는 '가포집'과 '적중일기'도 전해지지 않아서 자세한 내막을 알 수 없지만 임상옥은 이 때 왕과 양반들의 이율배반적인 행태에 정나미가 떨어졌을 것이다. 결국 59세 되던 해인 1837년에 사업을 모두 정리하고 이후 77세로 죽을 때까지 빈민구제와 시詩로 여생을 보냈다. 1837년이면 미국의 카네기와 록펠러가 기부와 자선사업에 나서기 50~60년 전의 일이다. 조선 최대의 부자가 미국 최대의 부자보다 먼저 은퇴 후 거의 모든 재산으로 자선사업에 나섰다는 사실을 아는 사람이 몇이나 될까. 이외에도 임상옥보다 조금 앞선 시기에 제주의 빈민을 구제한 의녀義女 김만덕, 일제 강점기 때 평양의 여성 기부왕 백선행, 원칙과 사회를 위해 살다간 유한양행의 창업자 유일한 등이 임상옥의 맥을 잇는 존경받는 부자들이라고 할 수 있다.

미국처럼 기부가 사회의 한 흐름이자 문화로 자리잡게 되면 어려서부터 기부를 받고 기부를 하는 환경에서 자라날 것이다. 어른이 되어서도 기부와 봉사가 자연스러운 일이 되는 것이다. 특히 어려서부터 보고 배운 것이 기부이고 또 선행이라면 없던 유전자도 생겨날 것이다. 우리나라의 경우 일제시대와 6·25전쟁을 겪으면서, 또 농업사회에서 산업자본주의사회로 급격하게 바뀌면서 기부와 적선의 아름다운 전통이 거의 끊기다시피 했다고 볼 수 있다. 미국의 경우

1800년대 초반부터 본격적인 자본주의가 시작됐다고 보면 카네기와 록펠러가 기부와 사회공헌에 적극적으로 나서기까지 최소한 100년의 세월을 필요로 했다. 우리나라의 자본주의가 시작된 것을 6·25전쟁 이후로 보더라도 아직 50여 년에 불과하다.

성장을 빨리 한 만큼 기부 문화도 좀 더 빨리 자리 잡을 수 있지 않을까? 최근 들어 기업과 개인 차원에서 기부와 사회공헌에 대한 관심이 높아지고 있고, 자의든 타의든 기부와 사회공헌이 이뤄지고 있다. 벌써 기억이 가물거리지만 교보생명과 대한전선은 1,000억원 이상의 상속세를 신고해 우리나라 역사상 가장 많은 상속세 기록을 세웠다. 부자들도 부자들이지만 김밥 할머니, 식당 할머니들도 기부에 참여하고 있다. 최경주와 박찬호, 김장훈 등 스포츠 스타와 연예인들도 적극적으로 나서고 있다. 부자들과 가진 자들을 부정적 시각만으로 바라볼 것이 아니라 그들이 하는 아름다운 선택에 박수를 보내는 것은 물론 기부여건을 만들어주는 사회적 분위기 조성도 우리가 해야 할 일이다.

제2부

지금 당장 이 불황을 끝내라

"

한 나라의 경제가 대기업들로만 구성되는 것은 아니지만 대기업이라는 항공모함을 중심으로 움직이는 것은 어느 나라나 마찬가지이다. 우리 경제는 2007년 1인당 GDP 2만 달러를 넘어선 이후 아직도 2만 4,000달러대에서 움직이고 있다. 글로벌 금융위기의 여파라고는 하지만 우리 경제가 지난 20여 년 동안 세계적으로 경쟁력 있는 대기업, 즉 향후 우리 경제를 이끌어갈 핵심동력을 더 많이 키워내지 못한 탓도 있지 않을까? 1인당 GDP 3만 달러, 4만 달러로 가기 위해서라도 글로벌 대기업을 키워내는 경제로 탈바꿈해야 할 것이다.

"

01 •••
경제전망 미스터리

최고 4.0%, 최저 2.6%, 평균 3.5%. 국내외 36개 경제예측기관의 2014년 우리나라의 국내총생산GDP 성장률 전망치를 요약한 것이다. 그나마 3% 중후반대로 전망한 기관이 다수를 차지하고, 2%대로 전망한 기관이 3개에 그치면서 평균이 3.5%에 달한 것이다. 일부에서는 이만만 해도 다행이라고 생각할 수 있다. 2012년 2.0%에 불과했던 성장률이 2013년 2.8%(추정치)에 이어 2014년에 3% 중반대로 올라간다면 우리 경제가 계속해서 회복세를 타는 흐름이기 때문이다.

하지만 필자는 우리 기업과 국민들이 이 같은 저성장 기조를 이미 당연한 것으로 받아들이고 있는 게 아닌가 하는 우려를 하지 않을 수가 없다. 더욱이 우리 경제가 2014년 성장률 전망치 평균 3.5%를 과연 달성할 수 있을 것인가 하는 점에도 의문부호를 달지 않을 수가 없다.

그렇다면 이 대목에서 2012년과 2013년의 성장률 전망치와 실제치(실적치)를 한번쯤 되짚어 보는 것도 나름대로 의미가 있지 않을까? 한국은행이 2012년 성장률 전망치를 처음으로 내놓은 것은 2010년 12월이었다. 1년여 후를 내다보는 것이라고는 하지만 4.7%로 매우 고무적인 예측이었다. 당시만 하더라도 글로벌 금융위기의 여파로 2009년 성장률이 0.3%로 간신히 마이너스를 면한 이후 2010년에는 성장률이 6.3%로 급등한 때였다. 2010년 6.3%에 이어 2011년 4.5%(2010년 12월 전망치), 2012년 4% 중후반대를 유지한다면 우리 경제가 거의 정상으로 회복하는 것으로 볼 수 있었기 때문이었다.

한국은행은 4개월 후인 2011년 4월에는 2012년 성장률 전망치를 4.8%로 소폭 올려 잡았다가 이후 줄곧 하향조정하기 시작했다. 2011년 7월 4.6%에서 2011년 12월에는 3.7%로 큰 폭으로 내려잡은 데 이어 2012년 7월에는 3.0%, 2012년 10월에는 2.4%까지 내려잡았다. 하지만 2012년의 실제 성장률은 그보다도 더 낮은 2.0%를 기록했다. 4.7~4.8%로 시작한 성장률 전망치가 최종적으로는 절반에도 못 미치는 2.0%에 그치고 만 것이다.

자료: 한국은행

2013년 성장률 전망치와 실제치도 정도의 차이는 있지만 엇비슷할 것으로 보고 있다. 한국은행은 2011년 12월에 2013년 성장률 전망치를 4.2%로 내놓았다. 하지만 이후 계속 하향조정해서 2013년 10월에는 2.8%로 낮추었다. 현재로서는 2013년 성장률 실제치가 2.8%에 근접할 것으로 추정하고 있다.

만약 처음부터 전망치가 이처럼 높지 않았더라면 한국은행은 물론 정부도 보다 적극적으로 경기부양에 나설 수 있었을 것이다. 또한 재정지출이나 감세 또는 기준금리 인하와 같은 경기부양에 상당 기간이 소요되는 것을 감안하면 과감한 선제적 조치가 필요하다고 주장할 수 있었다. 하지만 성장률을 4%대로 예상하면서 물가 걱정에 올인을 하는 바람에 물가는 물가대로 오른 반면 성장률은 급락하는 데도 손도 쓰지 못한 것이 아닐까? 물론 수출입 의존도가 높은 우리 경제의 성장률을 예측하기는 다른 어느 나라보다 어려운 게 현실이다. 소비와 투자와 같은 내수 또한 수출입, 즉 글로벌 경제의 흐름에 즉각적으로 영향을 받을 뿐 아니라 우리나라 수출의 4분의 1을 차지하는 중국 경제 하나만 기침을 해도 덜커덕거리는 경제가 우리나라가 아닌가?

사실 대표선수로 한국은행을 들어서 그런 것이지 한국은행의 전망치만 이렇게 큰 폭으로 어긋나는 것은 아니다. 한국개발연구원KDI 등 대다수 예측기관들이 서로 눈치를 보면서 전망치를 내놓기 때문에 어느 기관이나 다 엇비슷하다고 할 수 있다. 세계 경제 전망의 대표적 기관인 국제통화기금IMF의 전망치 역시 크게 다르지 않다. 예를 들어, 2012년 전 세계 성장률 전망치의 경우 처음 내놓은 것이 2011년 1월의 4.5%였다. 하지만 최종 실제치는 3.2%에 그치고 말았다. 2013년 전 세계 성장률의 경우에도 2012년 1월만 해도 3.9%였고, 2012년 4월에는 4.1%로 올려 잡았지만 이후 점차 낮아져서 2013년 10월에는 2.9%까지 내려온 상황이다. 내로라하는 경제학자들이 포진해 있으면서 전 세계 성장률을 내놓는 IMF의 전망치가 이렇게 변하게 되면 이를 거의 그대로 받아서 전망의 전제로 삼는 각 나라의 예측기관들 역시 전망에 차질을 빚을 수밖에 없는 노릇이다.

그렇다면 IMF는 2014년 전 세계 성장률을 얼마로 보고 있을까? 2013년 1월 4.1%로 내다봤지만 이후 3차례에 걸쳐 조금씩 내려서 2013년 10월에는 3.6%까지 내려잡았다. 이와 함께 우리 경제의 성장률 예측 시 중요한 전제로 들어가는 2014년 전 세계 무역량 증가율 또한 2013년 1월 5.5%에서 10월에는 4.9%로 하향조정했다.

이런 가운데서도 한국은행은 우리 경제의 2014년 성장률 전망치를 2013년 1월 3.8%로 잡았다가 7월에는 4.0%로 소폭 상향조정했지만 10월에는 다시 3.8%로 하향조정했다. 과연 2014년은 어느 정도 믿어

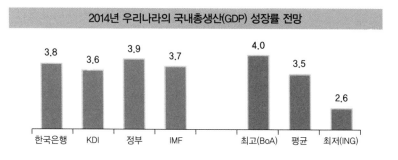

2014년 우리나라의 국내총생산(GDP) 성장률 전망

한국은행	KDI	정부	IMF	최고(BoA)	평균	최저(ING)
3.8	3.6	3.9	3.7	4.0	3.5	2.6

야 할까? 믿고 안 믿고는 개인의 자유라고 할 수 있지만 보다 중요한 것은 과연 한국은행이 전망의 전제로 삼은 조건들이 예상대로 맞아떨어질 것인가 하는 점이다. 전망이나 예측은 전제 또는 가정에 따라 그 결과가 크게 달라질 수밖에 없기 때문이다.

그렇다면 한국은행이 전망의 전제로 삼은 조건들을 짚어보는 것도 2014년 경제를 보는 시각을 잡아주는데 큰 도움이 될 것이다. 전 세계 성장률은 2013년 3.1%에서 2014년에는 3.6%로 올라가면서 전 세계 무역량 증가율도 2013년 3.8%에서 2014년에는 5.3%로 잡았다. IMF의 전망과 크게 다르지 않다고 할 수 있다. 원유도입단가는 2013년의 배럴당 107달러에서 2014년에는 102달러로 소폭 내림세를 타고, 원유를 제외한 기타원자재의 2014년 가격은 2013년과 엇비슷할 것으로 내다봤다.

한국은행은 이런 전제가 맞아떨어진다면 우리 경제의 성장률이 2013년 2.8%에서 2014년에는 3.8%로 높아지고 취업자가 33만 명 정도 늘어나면서 실업률은 2013년 3.2%에서 2014년에는 3.0%로 낮아질 것으로 내다보는 것이다. 또한 물가는 성장세 회복이 이어짐에 따라 2013년 1.2%에서 2014년에는 2.5%로 올라갈 것으로 예상하고 있다.

그러나 걸림돌이 없는 것은 아니다. 우리 경제의 걸림돌은 크게 해외요인과 국내요인으로 나누어 볼 수 있다. 해외요인으로는 미국의 성장세 둔화 및 양적완화 축소, 중국 경제의 연착륙 여부, 일본 아베노믹스의 성공여부와 소비세 인상, 유로존의 회복세 진입 여부, 인도와 인도네시아 · 브라질 등 신흥시장국의 위기 가능성과 후폭풍 등을 들 수 있다. 특히 미국의 양적완화 축소는 신흥시장국 위기와 맞물려 있는 데다 우리나라의 경우 차별화가 이뤄지고 있다고는 하지만 적잖이 영향을 받을 것이라는 점에서 지속적인 모니터링과 컨틴전시플랜contingency plan이 필요한 부분이라고 할 것이다.

국내적 요인 또한 만만치 않다. 과도한 가계부채 부담에다 수도권의 부동산 시장 침체 지속, 그에 따른 하우스푸어의 양산과 전 · 월세 가격의 급등, 세금 및 사회보험료 등 비소비지출의 증가 등이 민간소비의 발목을 잡고 있다. 기업 측면에서는 글로벌 불확실성의 지속에 따른 투자 심리 악화, 제조업 전반에 걸친 유휴설비, 건설시장의 침체 지속 등으로 투자가 쉽사리 늘어나기가 어려운 상황이 지속되고 있다. 여기다 최근 하락세를 이어가고 있는 환율이 2014년에는 과연 어느 선을 유지할 것인가도 2014년 수출 및 성장률에 상당한 영향을 미치게 될 것이다.

바라기로는 이 같은 대내외적 악조건에도 불구하고 우리 경제가 2014년에는 3%대 성장으로 2년 연속 2%대 성장을 벗어나는 것이다. 하지만 지난 2년 연속 낙관적으로 시작했던 전망이 반 토막 또는 그 이하를 기록하고 말았다는 점도 잊지 말아야 할 것이다.

02 •••

BBQ가 필요한 한국 경제

한 나라의 경제는 거대한 엔진이다. 수많은 부품으로 만들어진 엔진이 멈추지 않고 계속 돌아가도록, 그것도 잘 돌아가도록 하는 것이 정부와 중앙은행의 역할이다. 지나친 과속으로 엔진이 타버릴 염려가 있을 때는 미리미리 속도를 줄여줘야 할 것이고, 반대로 엔진이 너무 천천히 돌아갈 때는 좀 더 빨리 돌아가도록 에너지를 보충하거나 윤활유를 치기도 해야 할 것이다.

최근 우리 경제는 일부에서 제로 성장이라는 말이 나올 정도로 속도가 느려지고 있다. 2012년 하반기부터 시작된 전년 동기 대비 1%대의 낮은 성장률이 2013년 상반기에도 이어질 것이라는 예상이다. 전기 대비 성장률은 2012년 3분기에 0.1%로 간신히 마이너스를 면한 데 이어 4분기에도 0.4%의 부진을 면치 못했다. 결국 2012년 연간 성장률은 2.0%에 그치고 말았다.

그럼 중앙은행인 한국은행의 2012년 성장률 전망은 어느 정도였을까? 2012년 성장률 전망치를 처음 내놓은 2010년 12월 당시만 해도 무려 4.7%로 높았었다. 1~2년 앞을 내다보는 일이 쉽지 않은 일이기는 해도 결과는 절반에도 못 미친 것으로 나타난 것이다.

여기서 질문 하나. 예상보다 엔진이 잘 돌아가지 않는 상황에서, 즉 성장률이 예상의 절반에도 못 미칠 때까지 정부와 한국은행은 무슨 조치를 취했는가? 해외발 악재는 우리가 통제할 수 없는 변수라고 하더라도 국내 가계부채와 부동산 시장에 대해서는 어떤 에너지와 윤활유를 보충했는가? 정부는 2012년 상반기에 재정지출을 60%까지 앞당겨 집행하고, 부동산 거래 활성화를 위해 산발적으로 몇몇 조치를 내놓기는 했다. 한국은행은 금리를 인하해야 한다는 견해가 비등하는 가운데서도 물가안정이 우선이라면서 2012년 하반기에 두 번 인하하는데 그쳤다. 그런데 소비자물가상승률은 한국은행의 예상과는 달리 1%대에서 안정세를 유지하고 있다. 정부와 한국은행이 금리 인하 등 보다 적극적인 경기부양에 나섰었어야 한다는 비판이 나올 만한 대목이다.

호주는 우리나라와 경제 구조는 크게 다르지만 중국 등 해외의존도가 높다는 점에서 우리 경제의 타산지석이라고 할 수 있다. 철강과 석탄 등 원자재 대국인 호주는 우리나라처럼 글로벌 경제의 흐름에 크게 영향을 받기 때문이다. 특히 호주 중앙은행은 글로벌 경제의 움직임에 매우 민감하게 반응하는 금융정책을 수행하고 있다는 평가를 받고 있다. 2008년 말 미국 발 글로벌 금융위기 때는 가장 발 빠르게 기준금리를 인하했다. 2008년 9월부터 6번에 걸친 인하로 기준금리를 연 7.25%에서 3.0%까지 낮췄다. 하지만 이후 경기가 살아나는 조짐을 보이자 2009년 10월부터 시작해 2010년 11월까지 7번이나 인상, 기준금리를 4.25%로 올려놓았다. 그러다가 유럽 재정위기로 글로벌 경기가 하강하기 시작하자 2011년 11월부터는 다시 금리를 낮추는 모드로 돌아섰다. 2012년 12월까지 모두 6번 인하해서 기준금리를 글로벌 금융위기 때 수준인 3.0%로 내렸다.

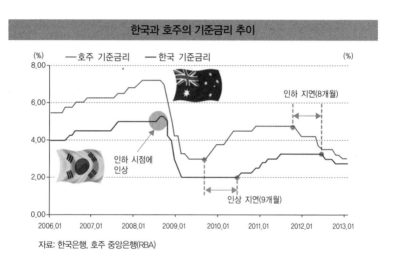

한국과 호주의 기준금리 추이

자료: 한국은행, 호주 중앙은행(RBA)

그 결과 호주는 글로벌 금융위기 직후인 2009년 1.4%의 성장률로 OECD 회원국 중 가장 높은 성장률을 기록했다. 또한 2010년 2.6%, 2011년 2.4%에 이어 2012년 3.8% 등 최근까지 3% 안팎의, 선진국으로서는 고성장세를 이어갈 것이라는 전망이 나오고 있다.

반면 한국은행은 2008년 8월 글로벌 금융위기의 전운戰雲이 다가오는 와중에 기준금리를 거꾸로 인상하는 오판을 하는가 하면 글로벌 금융위기가 걷히는 가운데서는 긴가민가하다가 뒤늦게 찔끔 올리는 우를 범했다. 그러다가 2012년 들어서는 경기가 급락 조짐을 보이는 데도 금리를 과감하게 인하하지 못했다. 2012년 7월과 10월 두 번 인하한 다음 2013년 초까지 아무런 조치를 내놓지 않고 있는 것이다. 현 정부 또한 경기를 살려야 한다는 말만 할 뿐 뚜렷한 대책을 내놓지 않으면서 새 정부로 떠넘기는 듯한 인상을 주고 있다.

　기준금리 인하와 재정지출 등 보다 과감하면서도 전방위적인 경기부양이 필요한 시점이다. 급등하고 있는 원화 가치의 안정을 위해서도 금리 인하가 필요하다. MB 정부의 부동산 대책에서 목격한 것처럼 찔끔찔끔 내놓는 대책은 약발이 먹히지 않는다. 보다 큰 규모의 과감한 경기부양책을 속도감 있게 내놓아야 엔진이 다시 돌아가기 시작할 것이다. 한국 경제는 지금 BBQBig, Bold, and Quick식 경기 처방, 즉 보다 크고 과감하고 빠른 경기부양을 원하고 있다.

03 •••
때늦은 금리 인하와 땔감 논쟁

"지금 당장 이 불황을 끝내라!"

최근 폴 크루그먼Paul Krugman 교수가 내놓은 책 제목이다. 평소의 크루그먼답게 5년을 넘고 있는 불황의 고리를 끊기 위해서는 달러를 폭발적으로 찍어내야 한다고 주장한다. 또한 국내총생산GDP이 16조 달러를 넘는 미국 경제가 '겨우' 1조 달러 정도의 재정적자를 겁내서는 안 된다고 목소리를 높이고 있다.

일본의 아베 총리는 크루그먼의 충실한 제자인 셈이다. 크루그먼의 처방대로 돈을 엄청나게 풀면서 엔화 가치가 급락하는 가운데 주가가 급등하고 수출이 되살아날 조짐을 보이고 있다. 이처럼 미국, 유럽에 이어 일본까지 공격적으로 양적완화에 나서자 위기를 느낀 다른 나라들도 너도나도 금리 인하에 나서고 있다.

2013년 들어 멕시코, 헝가리, 폴란드, 터키, 인도, 베트남, 스리랑카 등 7개 신흥시장국이 금리를 인하했고, 5월 들어서는 유럽중앙은행ECB과 호주, 한국, 이스라엘이 금리를 인하했다. 이외에도 태국과 대만, 러시아, 남아공, 루마니아 등은 물론 중국도 금리 인하 가능성이 높아지고 있다는 보도가 나오고 있다. 전 세계가 공격적 경기부양, 즉 크루그먼 모드로 돌아서고 있는 것이다.

최근 금리를 내렸고 수출의존도 등 경제환경 면에서 우리나라와 비슷하다고 할 수 있는 호주와 이스라엘을 살펴보자. 호주는 철광석 등 원자재 수출로, 이스라엘은 공산품 수출로 글로벌 경기에 매우 민감한 경제라는 공통점을 가지고 있다. 호주 중앙은행은 글로벌 금융위기 시 기준금리를 7.25%에서 3.0%까지 내린 후 위기가 가라앉기 시작하자 다시 4.75%까지 올렸다. 그러다가 2011년 11월을 시작으로 최근까지 총 7번이나 금리를 인하했다. 이에 따라 기준금리(2.75%)가 금융위기 직후(3.0%)보다 낮아졌지만 앞으로 더 내릴 것이라는 전망이 유력하다.

이스라엘 중앙은행 또한 2011년 9월 이후 7번째로 기준금리를 인하했다. 특히 2013년 5월 27일 정기회의를 앞두고 5월 13일 긴급회의를 열어 기준금리를 1.75%에서 1.5%로 낮추는 동시에 외화자산(달러)을 사들이겠다고 발표했다. 이스라엘의 성장동력인 수출에 큰 차질을 빚지 않도록 자국통화 셰켈Shekel의 절상 방어를 위해 중앙은행이 적극적으로 나서고 있는 것이다.

우리나라의 중앙은행인 한국은행은 2013년 5월 9일, 2012년 7월 이후 세 번째로 금리인하를 단행했다. 늦었지만 다행이라는 평가가 나오고 있다. 하지만 문제는 한국은행의 향후 행보이다. 떠밀리다시

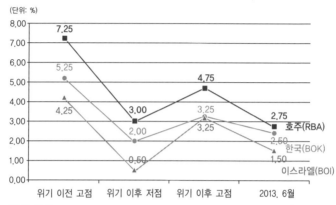

피 내렸지만 체면을 세웠으니 좀 더 두고 보자면서 다시 금리를 만지 작거리는 모드로 돌아설 가능성을 배제할 수 없기 때문이다. 8개 분 기 연속 전기 대비 0%대의 저성장세를 이어가는 가운데 소비자물가 가 6개월 연속 1%대로 안정되고 있는 상황에서도 물가안정이 우선이 라면서 금리 인하를 주저하던 한국은행이 아닌가?

필자는 2011년 하반기부터 한국은행이 공격적으로 금리를 내려 야 한다고 주장해왔다. 기껏 세 번, 그것도 띄엄띄엄 내려서는 약발 이 먹히지 않는다. 더욱이 엔저低가 이어지고 있는 가운데 원화 환율 의 추가적 하락(원화가치 절상)을 막기 위해서라도 금리 인하가 절실 한 상황이다. 혹자는 한국은행이 금리를 올려야 할 때 제때에 금리를 올려놓지 못해서, 즉 지금의 기준금리(2.5%)가 낮아서 더 이상 내리 기가 어렵다고 항변한다. 더 큰 위기가 올 수도 있으므로 그 때를 대비해서 금리 인하 카드를 아껴야 한다는 주장이다.

이에 대한 필자의 반론은 다음과 같다. 어느 겨울 한 집에서 갑론을박이 벌어졌다. 땔감이 부족한데 추위가 닥쳐왔기 때문이었다. 한쪽에서는 일단 있는 땔감이라도 쓰고 보자고 한 반면 다른 한 쪽에서는 더 큰 추위가 올 수 있으므로 이번에는 참고 넘어가자고 했다. 이런 가운데 추위가 기승을 부리면서 다 얼어 죽고 말았다. 땔감을 아끼기로 한 쪽으로 의견이 기우는 바람에 손을 채 써보지도 못하고 다 얼어 죽고 만 것이었다. 선제적으로 금리를 올리고 내려야 한다고 말은 하면서도 뒷북만 치고 있는 한국은행이 '호미로 막을 것을 가래로 막는 우遇'를 범하지 않기를 바란다.

(이후에도 호주 중앙은행은 한 차례 더 금리를 인하[2014년 2월 말 현재 2.50%]했고, 이스라엘 중앙은행은 3차례나 더 금리를 인하[2014년 2월 말 현재 0.75%]했다.)

지금 당장 이 불황을 끝내라

폴 크루그먼 지음 | 박세연 옮김 | 엘도라도

역시 크루그먼다운 책 제목이다. "지금 당장 이 불황을 끝내라"라니 당연히 돈을 왕창 풀라는 이야기일 것이다. 미국의 중앙은행인 연방준비제도이사회FRB의 벤 버냉키 의장이 천군만마를 얻은 듯 반색할 일이다. 필요하다면 헬리콥터에서 돈을 뿌려서라도 경제를 살려야 한다고 주장해서 '헬리콥터 벤'이라는 별명을 얻은 그가 아닌가! 반면 독일의 앙겔라 메르켈 총리가 들으면 "알 만한 사람이 말도 안 되는 허튼 소리를 계속 하고 있다"면서 빈정거릴 것 같다.

"우리는 지금 역설의 세상에서 살고 있다. 이 세상에서는 모든 게 거꾸로다. 미덕은 악덕이고, 신중함은 어리석음이다. 허리띠를 졸라매고 소비를 줄이고 빚부터 갚으라는 처방은 지금의 병을 더욱 악화시킬 뿐이다." 여기서 크루그먼이 말하는 역설의 세상은 지금까지 우리가 경험하지 못한 완전히 딴 세상이다. 이 때 도대체 무엇 때문에 세상이 뒤바뀌었는지, 왜 거꾸로되었는지는 이제 그만 물으라는 게 크루그먼의 주문이다. 원인이나 배경이무엇이든 당장 절실한 것은 현재의 상황을 인식하고 그에 맞는 처방을 하는것이기 때문이다. 특히 모든 게 뒤바뀐 세상, 거꾸로 인 세상에서는 전통적 또는 교과서적 처방이 아니라 전혀 다른 처방을 내놓아야 한다는 것이다.

그렇다면 무엇보다 먼저 해야 할 일은 현재의 상황이 과연 얼마나 심각한가 하는 부분이다. 크루그먼은 최근의 미국 경제를 대공황 때와 매우 흡사한 대침체 상황이 계속되고 있다고 진단한다. 실업률이 대공황 당시처럼 20%를 넘고 있는 것은 아니지만 실업자 수가 2007년 680만 명에서 2011년 12월 1,300만 명으로 2배 가까이나 늘어났다. 인간의 행복에 지대한 영향을 미치는 경제적 요소가 고용이다. 비자발적 실직기간이 길어지면 유능한 사람도 '무능한' 사람으로 인식되기 십상이다. 장기실업자들이 인간으로서의 존엄성과 자존감에 입은 상처는 절망적인 것이다. 크루그먼은 책 맨 앞에서 "더 나은 대우를 받아 마땅한 실업자들에게 이 책을 바친다"고까지 말하고 있다.

크루그먼의 결론은 '일자리 가뭄'이 재정적자보다 훨씬 더 큰 문제라는 것이다. 국내총생산GDP이 16조 달러를 넘는 미국 경제가 '겨우' 1조 달러 정도의 적자를 겁내서는 안 된다는 것이다. 5년을 넘어서고 있는 불황의 고리를 끊기 위해서라도 달러를 폭발적으로 찍어내야 한다고 주장하고 있다. 지금도 돈이 넘쳐나고 있는데 돈을 더 풀 경우 인플레이션이 발생할 것이라는 우려에 대해서는 "현재의 불황은 그 침체의 정도가 너무 심각해서 인플레이션 가능성이 희박하다"고 단언하는 크루그먼이다.

그럼 요즘과 같은 상황에서 허리띠를 졸라매고 빚부터 갚아야 한다는 전통적·교과서적 긴축 처방은 더 이상 힘을 잃고 만 것인가? 크루그먼이 긴축신봉자들이라고 비판하는 경제협력개발기구OECD와 알베르토 알레시나(하버드대), 라구람 라잔(시카고대) 등은 잘못된 처방으로 비판받아 마땅한가? 1997년 말 외환위기 당시 국제통화기금IMF의 긴축 처방을 받아 살아난 우리나라가 별종인가?

이에 대한 대답의 단초를 일본에서 찾아보자. 일본의 아베 총리는 크루그먼의 충실한 제자인 셈이다. 크루그먼이 처방한 대로 돈을 엄청나게 풀고, 그에 따라 엔화 가치가 급락하는 가운데 주가가 급등하고 주요기업들의 수출이 되살아날 조짐을 보이고 있다. 그러나 일본 경제가 근본적으로 되살아나기 위해서는 기업들이 구조조정을 통한 경쟁력 향상은 물론 새로운 성장동력을 찾아내는데 성공해야 한다는 것이 대체적인 견해이다. 풀린 돈이 일종의 단기적 진통제 역할을 해줄 수는 있겠지만 근본적 처방은 아니라는 것이다.

달러 역시 더 찍어내면 단기적 진통제 역할을 충실히 수행할 수 있을 것이다. 아직까지 가장 안전한 통화로 인정받고 있을 뿐 아니라 전 세계 어느 나라에서나 통용되는 기축통화이자 단일 수출품목으로 미국 1위를 차지하고 있는 달러가 아닌가? 하지만 시간이 지날수록 한 나라 경제의 경쟁력은 돈이 아니라 기업들의 경쟁력에 달려 있다는 사실을 충실히 따르고 있는 전통적·교과서적 긴축처방전을 찾게 될 것이라는 목소리도 만만치 않다.

경기부양 대 긴축 논란

최근의 경기침체를 놓고 크루그먼 교수처럼 공격적 경기부양을 선호하는 쪽이 있는가 하면 알레시나 교수처럼 긴축을 통한 신뢰 회복, 또는 삭스 교수처럼 성장동력 발굴을 위한 투자가 우선이라는 쪽도 있다. 각국의 경제가 과연 어느 쪽의 손을 들어줄 것인가는 좀 더 시간이 필요할 것이다.

한 가지 분명한 사실은 최근처럼 미국과 일본 등 선진국들이 계속 돈을 풀 경우 신흥시장국들도 덩달아 돈을 풀 수밖에 없게 되리라는 것이다. 영화관에서 맨 앞줄에 있는 사람들이 일어서서 보기 시작하면 뒤에 있는 관객들도 모두 일어서서 봐야 하는 것과 같다.

이 때 문제는 크리스틴 라가르드 IMF 총재가 주장한 것처럼 선진국에서 풀린 돈들이 대거 신흥시장국으로 유입되었다가 한꺼번에 빠져나갈 경우에 발생할 수 있다. 이들 신흥시장국들에서 환율이 급등하면서 외환부족을 겪는 외환위기 또는 은행부실이 터져나오는 금융위기가 발생할 가능성이 커지게 되는 것이다.

긴 축	중 도	경기부양 [양적완화]
앙겔라 메르켈 [독일 총리]	제프리 삭스 [컬럼비아대]	플 크루그먼 [프린스턴대]
알베르토 알레시나 [하버드대]		벤 버냉키 [FRB]
라구람 라잔 [시카고대]		누리엘 루비니 [뉴욕대]
헤럴드 울리그 [시카고대]		마틴 울프 [FT]

04 ...
외국인투자와 기업하기 좋은 환경

　박근혜 대통령이 2014년 1월 9일 국내 외국투자기업 최고경영자 CEO들과 가진 간담회에서 "한국을 세계에서 가장 기업하기 좋은 나라로 만들겠다"고 밝혔다. 이를 위해 공공부문 개혁 등 비정상의 정상화, 창조경제 구현, 내수 활성화 등 3대 전략을 중심으로 한 경제 혁신 3개년 계획을 추진하겠다고 강조했다. 국내에 들어와서 투자 및 생산·수출 등을 하는 외국투자기업들의 활동이 여느 선진국에 못지 않도록 각종 규제를 개선하거나 폐지하는 것을 넘어 내수 또한 활성화하겠다는 것이다.

　같은 날 산업통상자원부는 '외국인투자 활성화 방안'을 발표했다. 국내로 들어오는 외국투자기업 본사 임직원의 소득세를 영구 감면하는 동시에 경제자유구역 내 입주한 외국투자기업의 개발이익 환수부담도 완화시켜줌으로써 글로벌 기업의 본사와 연구개발R&D 센터를 국내로 유치하겠다는 것이 주된 내용이었다. 일부에서는 '공장 유치'

에서 '두뇌 유치'로 외국투자 유입의 방향을 돌리고 있다고 보도하기도 했지만, 공장 유치에 더해 두뇌 유치를 하겠다는 것이지 두뇌 유치만 하겠다는 것은 아닐 것이다. 우리나라에 공장이 들어와 있는 글로벌 기업이 기왕이면 본사 또는 R&D 센터까지 함께 오면 시너지효과 등으로 일석이조이기 때문이다. 반대로 기업하기 좋은 환경을 찾아 중국이나 동남아 또는 동유럽 등지로 떠나가면서 그 회사의 본부나 R&D 센터만 우리나라로 올 리가 만무하기 때문이기도 하다.

사실 최근 우리나라로 들어오는 외국인투자를 보면 실망스럽다. 1997년 외환위기 이후 늘어나는 추세를 보이던 외국인직접투자FDI 규모가 2008년 112억 달러를 고점으로 계속 줄어들고 있다. 2012년에는 99억 달러를 기록, 전 세계 FDI 중 0.7%에 그쳤다. 우리 경제가 전 세계 국내총생산GDP의 1.6%를 차지하고 있는 것과 비교하면 형편없이 작은 규모이다. 뿐만 아니라 2012년까지 매년 유입된 외국인직접투자의 총계인 외국인직접투자 유입잔액FDI Inward Stock의 GDP 대비 비중에서도 우리나라는 13.0%에 불과하다. 선진국 모임인 경제협력개발기구OECD 회원국의 평균인 40% 안팎은 물론 전 세계 평균 31.6%의 절반도 안 되는 규모이다. 실제로 우리나라의 외국인직접투자 유입잔액은 1,472억 달러로 전 세계에서 33위를 차지하고 있다. 우리나라의 GDP 규모기 15위인 것과 비교하더라도 크게 부진하다고 할 수 있는 부분이다.

왜 우리나라로 외국인투자가 유입되지 않고 있는 것일까? 십중팔구 각종 규제와 세금, 노동시장의 유연성 등에서 기업하기 좋은 환경이 아니기 때문일 것이다. 물론 세계은행에서 발표하는 기업하기 좋은 환경 순위에서 우리나라는 2013년 7위를 차지했다. 그렇다고 우리나라가 정말로 기업하기 좋은 나라라는 말을 듣고 있는가 하면 그렇지 않다는 것이 현장의 목소리가 아닐까? 왜냐 하면 외국기업은 잘 들어오지 않고 국내 기업은 해외로 나갈 기회만 노리고 있기 때문이다.

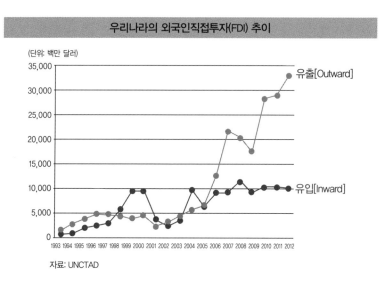

우리나라의 외국인직접투자(FDI) 추이

(단위: 백만 달러)

자료: UNCTAD

몇 년 전 인천자유경제구역청의 해외투자유치 담당자로부터 강의를 들은 적이 있다. 필자가 "원스톱서비스라면서 왜 이렇게 해외투자유치가 지지부진한가?" 하고 물었더니 '각 단계별로 원스톱서비스일 뿐이다One stop service at each step'라는 대답이 돌아왔다. 그래서 다시 "그럼 도대체 몇 단계를 거쳐야 하느냐?"고 물었던 기억이 난다. 원스톱서비스는 말뿐이고 이런저런 복잡한 단계를 거치면서 결국 외국인투자자들이 투자를 포기하고 돌아선다는 것이었다.

이 같은 상황은 글로벌 싱크탱크의 관련 통계에서도 나타나고 있다. 우리나라는 헤리티지재단이 발표하는 경제자유도 지수에서 31위, 국제투명성기구에서 발표하는 부패지수에서 46위로 경제활동이 결코 자유롭고 활기차다고 할 수 없다는 평가를 받고 있다. 이에 따라 세계경제포럼WEF과 국제경영개발원IMD이 발표하는 국가경쟁력 순위에서도 각각 25위, 22위로 20위권을 벗어나지 못하고 있다. 앞서 언급한 것처럼 경제 규모 15위에 비해 덩치값을 못하는 비효율적 경제를 운용하고 있는 것이다. 이는 곧 우리나라가 기업하기 좋은 환경이 아니라는 것과 같은 말이다. 국내 기업들의 설립, 고용, 투자, 생산, 판매, 수출 등의 경영활동이 자유롭지 못한데 외국기업이야 오죽하겠는가? 이러다보니 결국 국내에서도 글로벌 기업을 키우지 못하고 있을 뿐 아니라 해외의 글로벌 기업도 국내에 들어오기를 꺼려하는 것이다.

미국의 경제잡지 '포천Fortune'이 선정하는 글로벌 500대 기업(2013년) 중 우리나라 기업은 14개뿐이다. 1993년 12개에서 20년 동안 고작 2개 늘어나는데 그치고 있다. 반면 중국의 경우 1993년 글로벌 500대 기업이 하나도 없었지만 2013년에는 무려 89개로 미국(132개)에 이어 2위를 치지했다. 2010년 국내총생산GDP에서 일본을 추월한 다음 2012년부터는 글로벌 500대 기업에서도 일본을 제치면서 명실공히 G2로서의 위상을 높이고 있다. 또한 글로벌 500대 기업 중 중국에 진출해 있는 기업이 490개를 넘고 있는 반면 우리나라에 진출해 있는 기업은 300개 남짓으로 파악되고 있다. 우리나라에 진출한 글로벌 500대 기업이 2004년 263개로 처음으로 절반을 넘어선 후 최근까지 크게 늘어나지 않고 있는 것이다.

한 가지 더 짚고 넘어가야 할 부분은 우리 기업들의 해외 진출, 즉 글로벌화도 크게 미흡하다는 점이다. 기업들의 해외진출로 인해 산업공동화 우려가 없는 것은 아니지만 인구 5,000만 명의 작은 내수시장의 벽을 넘어서는 동시에 1인당 소득 3만, 4만 달러 시대를 열기 위해서는 수출 엔진을 계속 가동할 수밖에 없는 상황이다. 그나마 다행인 것은 최근 들어 우리 기업들의 해외진출 또는 해외투자가 활발해지고 있다는 점이다. 해외로 나가는 직접투자가 2006년에 처음으로 100억 달러를 넘어선 후 2012년에는 330억 달러로 사상최고치를 기록했다. 하지만 2012년까지 해외로 나간 외국인직접투자 유출잔

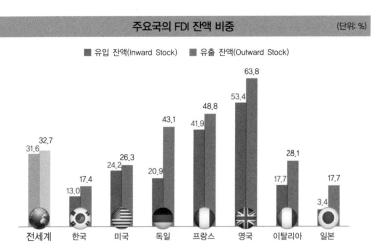

주요국의 FDI 잔액 비중 (단위: %)

■ 유입 잔액(Inward Stock)　■ 유출 잔액(Outward Stock)

	전세계	한국	미국	독일	프랑스	영국	이탈리아	일본
유입	31.6	13.0	24.2	20.9	41.9	53.4	17.7	3.4
유출	32.7	17.4	26.3	43.1	48.8	63.8	28.1	17.7

주: FDI 잔액(유입 또는 유출) / GDP (%)
자료: UNCTAD

액FDI Outward Stock의 국내총생산GDP 대비 비중은 17.4%에 불과하다. FDI 유입잔액의 GDP 대비 비중 13.0%보다는 높지만 전 세계 평균 32.7%의 절반을 약간 웃도는 수준이다.

낮은 임금과 규제 등 보다 생산하기 좋은 환경은 물론 메이드인코리아를 사주는 소비시장을 찾아나가야 하는 우리나라 글로벌 기업들의 속성을 감안할 때 앞으로 더 많은 해외진출이 있어야 할 것이다. 특히 계속되고 있는 무역수지 흑자를 해외로 돌림으로써 보다 많은 해외 생산 및 소비거점을 확보하는 능력과 역량으로 키워나가야 할 것이다. 이는 또한 국내 외환시장에서의 달러 공급을 줄임으로써 향후 원화 환율의 하락 압력을 완화하는 데도 크게 도움이 될 것이다.

그렇다면 과연 어느 정도의 외국인직접투자 유입과 유출(해외진출)이 필요할 것인가? 이에 대한 최적의 비율optimal rule이 있는 것은 아니지만 FDI 유입 및 유출 잔액의 GDP 대비 비중이 적어도 전 세계 평균인 30% 안팎까지는 높아져야 할 것이다. 유입 및 유출이 너무 많아도 영국처럼 국내 기업의 경쟁력 약화 및 국내 산업(특히 제조업)의 공동화가 일어날 것이다. 반대로 일본과 이탈리아처럼 지나치게 폐쇄적인 경우 또한 국내 기업(특히 서비스업)의 경쟁력 약화로 장기적 침체의 가능성이 높아질 것이다. 특히 일본의 경우 외국인직접투자 유입잔액FDI Inward Stock 비중이 GDP의 3.4%로 G7 중 가장 낮은 수준이다. 각종 규제와 내수 부진으로 외국인투자가 거의 들어오지 않는 가운데 해외진출은 가속화되면서 일본 경제가 20년 넘어 장기불황을 겪고 있는 상황이 결코 남의 일이 아니라고 할 수 있다.

05 •••
기업하기 좋은 환경인가?

우리나라는 세계은행이 2013년에 발표한 '기업환경평가Doing Business 2013'에서 전 세계 183개국 중 7위를 차지했다. 2010년 15위에서 2011년 8위로 무려 7계단이나 급등하면서 처음으로 10위권에 진입한 이후 2012년까지 2년 연속 8위를 유지하다가 7위로 올라선 것이다. 일부 언론에서 크게 다루기도 했지만 우리나라 경제역사상 보기 드문 쾌거라고 할 수 있다. 주요 7개국G7 중에서는 미국(4위)만 우리보다 앞설 뿐이다. 10위권 내에 포함된 나라들의 면면을 보면 미국과 말레이시아(6위), 영국(10위), 우리나라를 제외한 6개국은 모두 인구가 1,000만 명도 채 안 되는 이른바 강소국들이다.

하지만 우리 기업인들에게 과연 그런가, 즉 기업하기 좋은 환경이냐고 물어본다면 어떤 대답이 돌아올까? 십중팔구는 고개를 가로 저을 것이다. 순위가 그렇게 나왔는데 무슨 딴죽이냐고 할 수도 있지만 현장에서 느끼는 감은 상당 폭 다르기에 하는 말이다.

세계 속의 한국 경제								
	경제 규모 (DGP)	1인당 국민 소득	국가 경쟁력		인간개발지수	기업 환경	경제 자유도	부패 지수
세계 순위	15위	30위권	25(19)	22(22)	12(12)	7(8)	31(34)	46(45)
작성 기관	한국 은행	한국 은행	WEF	IMD	유엔개발기구 (UNDP)	세계 은행	헤리티지 재단	국제 투명성 기구(TI)
연도	최근	최근	2013	2013	2012	2014	2014	2013

주: ( ) 내는 전년 또는 전기 순위

세계은행이 세계적으로 신뢰도가 높은 기관이기는 하지만 측정기준 또는 분야가 다른 타 조사기관의 순위도 살펴볼 필요가 있다. 미국의 헤리티지재단이 발표하는 경제자유도(31위)와 국제투명성기구 IT가 발표하는 부패지수(46위)에서 우리나라는 30~40위권을 벗어나지 못하고 있다. 우리 기업과 개인들의 경제활동이 각종 규제로 인해 상대적으로 자유롭지 못할 뿐 아니라 부패 정도도 높다는 평가를 받고 있는 것이다. 2012년에 불거진 저축은행 부실사태, 최근의 원자력발전소 부품 비리와 국세청 전직 고위간부의 뇌물 수수 등이 좋은 예라고 할 수 있다. 또한 우리나라의 지하경제 비율이 주요 선진국들의 10% 초중반대보다 크게 높은 20% 중후반대라는 점도 앞으로 개선의 여지가 크다는 것을 보여주고 있다. 박근혜 정부가 지하경제를 양성화하겠다고 나서는 것도 이처럼 지하경제 비율이 높기 때문일 것이다.

그렇다면 한 국가의 종합적인 경쟁력을 평가하는 국가경쟁력 지수
에서 우리나라는 어느 정도일까? 세계경제포럼WEF과 국제경영개발
원IMD에서 매년 발표하는 순위에서 우리나라는 각각 25위와 22위를
차지하고 있다. WEF의 평가에서는 2012년 19위에서 2013년에 25위
로 내려앉은 것이다. 경제 규모에서는 세계에서 15위를 차지하고 있
지만 경쟁력은 아직 확실하게 20위권 내로 진입하지 못하고 있는 것
이다. 물론 덩치가 작으면서도 경쟁력이 높은 나라들이 앞서 있기 때
문이지만 과도한 규제와 부패, 지하경제 등이 우리 경제와 기업들의
발목을 잡고 있는 것은 아닐까?

최근 주요국들은 법인세를 낮추는 등 기업하기 좋은 환경 만들기
에 경쟁적으로 나서고 있다. 영국은 2013년 3월 법인세율을 24%에
서 23%로 낮추는 동시에 오는 2015년 4월까지 20%로 점진적으로 인
하하겠다고 발표했다. 특히 특허로 발생하는 수입에 대한 법인세율
은 10%로 인하했다. 이후 독일과 일본 기업들의 영국 특허 등록이 급
증하고 있는 것으로 파악되고 있다. 회계법인 언스트&영은 2013년 7
월 미국과 네덜란드, 스위스, 아일랜드 등에 본사를 두고 있는 40여
개 다국적 기업들이 영국으로 본사 이전을 추진하고 있다는 보고서
를 내놓았다.

법인세가 35%로 높은 미국의 경우 애플과 구글 등 미국을 대표하
는 다국적 기업들이 역외탈세 의혹을 받고 있는 가운데 일부 미국 기
업들이 유럽 기업과의 인수·합병M&A을 통해 유럽으로 본사를 옮기
려는 움직임이 포착되고 있다. 이에 오바마 대통령은 법인세를 28%

로 낮추는 방안을 놓고 의회와 협상 중이다. 미국 못지않게 법인세율 (34.4%)이 높아 기업과 부자들이 다른 나라로 떠나고 있는 프랑스 역시 법인세 인하를 검토하고 있다. 일본 또한 2012년에 한 번 인하한 법인세율이 28.05%이지만 최근 아베 총리가 20%대까지 낮추는 방안을 검토하라고 지시했다.

이처럼 주요국들이 최근 법인세를 낮추고 규제를 완화하고 있는 이유는 떠나려는 자국 기업을 붙잡는 것은 물론 외국기업을 유치하기 위해서이다. 글로벌화가 진전되면서 보다 좋은 기업환경을 찾아다니는 철새형 기업들이 늘어나고 있기 때문이다. 미국의 경우 외국으로 나갔던 제조업체가 되돌아올 경우 법인세를 25%까지 낮춰주는 것은 물론 이전비용 지원과 규제완화 혜택을 주고 있다. 여기다 기업들의 자체적인 구조조정 노력까지 더해지면서 그간 해외로 나갔던 생산시설을 미국으로 회귀시키는 이른바 '리쇼어링Re-shoring'이라는 신조어까지 생겨나고 있다. 일본 역시 아베노믹스의 세 번째 화살이라는 이름 아래 과감한 세제개혁과 규제완화로 기업투자를 활성화시키겠다고 나서고 있다.

우리나라는 어느 쪽으로 가고 있는가? 기업하기 좋은 환경을 위해 글로벌 스탠더드에 맞지 않는 규제를 풀고 세금을 내리고 있는가? 아니면 경제민주화 등을 내걸면서 계속 족쇄를 채우고 있는가? 우리나라의 최고 법인세율(과세표준 200억원 초과)은 현재 22%로 경제협력개발기구OECD 평균 25.4%에 비해 약간 낮은 수준이다. 하지만 OECD에 따르면 우리나라의 국내총생산GDP 대비 법인세수 비중은 2012년

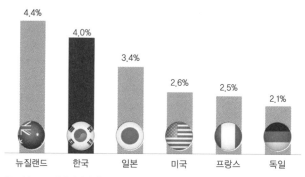

주요국 법인세수 비중 비교

4.4%	4.0%	3.4%	2.6%	2.5%	2.1%
뉴질랜드	한국	일본	미국	프랑스	독일

자료: OECD(2012년. GDP 대비 법인세수)

4.0%로 OECD 회원국 평균인 2.9%보다 높은 상황이다. 독일(2.1%), 프랑스(2.5%), 미국(2.6%), 일본(3.4%) 등 주요선진국들은 대부분 우리보다 낮다. 이에 따라 정부는 법인세 과표 구간을 최소화하는 방안으로 기업들의 법인세 부담을 줄이겠다는 개정안을 내놓았다. 반면 민주당은 법인세율을 최고 25%로 인상하는 방안을 검토 중인 것으로 알려지고 있다. 또한 국회에서는 매일 1건 꼴로 기업활동을 규제하는 법안이 발의되고 있다는 보도가 나오고 있다.

06 •••
기업하기 나쁜 환경과 디트로이트의 파산

자동차산업의 메카라고 불리던 미국 디트로이트 시市가 파산절차에 돌입했다. 무려 185억 달러(21조원)에 달하는 엄청난 부채를 갚을 길이 없다면서 파산보호(우리나라의 기업회생절차 또는 법정관리)를 신청한 것이다. 미국 자동차산업을 좌지우지하던 빅3, 즉 제너럴모터스GM와 포드, 크라이슬러의 본고장으로 대표적 기업도시였던 디트로이트가 어쩌다 이 지경이 되었을까?

가장 큰 이유는 디트로이트의 존재 이유라고 할 수 있는 미국 자동차산업의 침체라고 할 수 있다. 문제는 "이 같은 침체의 단초를 도대체 누가 제공했느냐?"이다. 1970~80년대 일본과 유럽, 2000년대 한국 등의 후발 자동차회사들이 대거 미국 시장에 진입한 탓도 있을 것이다.

하지만 호황 속에 안주한 미국 자동차업계의 흥청망청이 더 큰 원인을 제공했다는 것이 전문가들의 분석이다. GM 노사가 1950년에

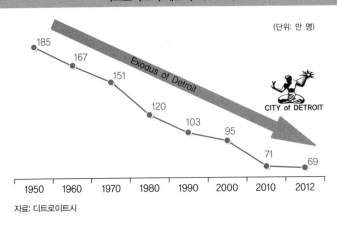

디트로이트의 에소더스(Exodus)

(단위: 만 명)

185
167
151
Exodus of Detroit
120
103
95
CITY of DETROIT
71
69

1950 1960 1970 1980 1990 2000 2010 2012

자료: 디트로이트시

맺은 '디트로이트 협약'이 대표적이다. 근로자들이 퇴직을 해도 연금과 건강보험료를 회사가 대신 내주겠다는 것이었다. 초기에는 버틸 만했겠지만 갈수록 부담이 커지는 데다 급격한 수명연장은 엎친 데 덮친 격이었다. GM은 1993년 이후 파산 직전인 15년 동안 퇴직자 연금과 건강보험료로 1,030억 달러(115조원)를 지출했다. 2008년 파산 당시 GM의 연금과 건강보험 혜택을 받고 있는 퇴직자는 40만 명에 달했다. 현직 근로자 18만 명보다 2배 이상 많은 숫자였다.

디트로이트 협약이 포드와 크라이슬러 등으로 확산되면서 해외 또는 기업 환경이 좋은 미국 남부지역으로 공장을 옮겨가기 시작했다. 포드의 경우 10만 명이 넘던 디트로이트 지역 고용인원이 2만 명 정도까지 줄어들었다. 결국 1950년대 185만 명에 달했던 디트로이트의 인구가 최근에는 70만 명 아래로 격감했다. 한 집 건너 빈 집이 넘쳐

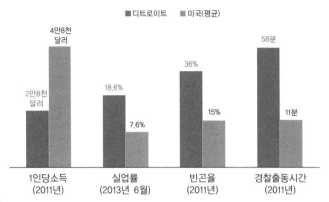

디트로이트의 주요 경제 · 사회 지표

■디트로이트 ■미국(평균)

4만8천
달러

2만8천
달러

18.6%

7.6%

36%

15%

58분

11분

1인당소득
(2011년)

실업률
(2013년 6월)

빈곤율
(2011년)

경찰출동시간
(2011년)

자료: 디트로이트시, 미국 BLS, IMF

나고 1인당 연간소득은 2만 8,000달러로 미국 평균(4만 8,000달러)의 절반을 약간 넘는 수준이다. 실업률 18.6%는 미국 평균 실업률 7.6%보다 2배 이상으로 주요도시 중 가장 높은 수준이다. 범죄율이 미국 내 최고 수준까지 치솟은 것은 당연한 결과라고 할 수 있다.

반면 디트로이트 시정부는 줄어드는 세수에도 불구하고 공무원 수를 제대로 줄이지 못했을 뿐 아니라 GM 등을 벤치마킹한 공무원 복지 시스템에도 손을 대지 못했다. 현직 공무원 9,000명에 퇴직공무원 21,000명을 합하면 전현직 공무원이 3만 명을 넘는다. 더욱이 디트로이트 시정부는 정치인들의 인기영합주의 등으로 모노레일 등 도시 기반시설을 확충한다는 명목으로 채권까지 발행하면서 빚을 늘려갔다. 진작 망하지 않는 게 이상하다고 할 수 있다.

이 같은 디트로이트의 파산으로부터 우리가 얻을 수 있는 교훈은

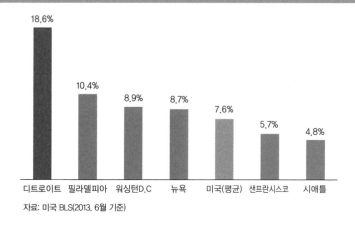

미국 주요 도시의 실업률 비교

18.6%
10.4%
8.9%
8.7%
7.6%
5.7%
4.8%

디트로이트 필라델피아 워싱턴D.C 뉴욕 미국(평균) 샌프란시스코 시애틀

자료: 미국 BLS(2013. 6월 기준)

무엇인가? 첫 번째는 기업하기 좋은 환경을 만들어야 도시도 살고 국
가도 산다는 점이다. 보다 좋은 임금과 연금 등 복지혜택을 받고 싶
은 것은 어느 나라, 어느 근로자에게나 인지상정이다. 하지만 그 같
은 시스템이 과연 지속가능한가 하는 문제는 기업과 노동조합뿐 아
니라 국가 차원에서도 심각하게 고민해봐야 한다. 글로벌화가 진전
될수록 기업은 철새화되어 갈 것이다. 이익이 나지 않는 곳에서 힘들
게 공장을 운영할 이유가 없기 때문이다. 최근 우리나라에 투자하려
는 글로벌 기업이 눈에 띄지 않는 것도 노사문제, 임금과 복지, 세금,
복잡한 규제, 반기업 정서 등 그만한 이유가 있을 것이다.

두 번째는 우리나라 지방자치단체들도 디트로이트를 타산지석으
로 삼아야 한다는 점이다. 안전행정부에 따르면 2012년 말 기준으로
전국 17개 광역지자체와 244개 기초지자체의 총 채무 27조원에다 산

하 지방공기업 부채 73조원을 합한 총 부채 규모는 100조원이 넘는다. 지자체들의 재정자립도 또한 50%를 간신히 넘고 있을 정도로 취약한 상황이다. 이런 가운데서도 호화청사를 짓고 이용도가 크게 낮은 경전철과 도로, 다리를 건설하고 각종 국제행사와 축제를 개최하고 있다. 그런 돈이 있으면 기업을 유치하는데 사용하거나 고령화와 저출산대책을 마련하는데 쓰는 것이 해당 지자체는 물론 우리나라의 미래를 위해 훨씬 더 나을 것이다.

07 ...

법인세 논란과 철새 기업

2013년 5월 미국의 대표적인 다국적 기업 애플이 역외 탈세 의혹을 받았다. 미국 세금제도의 허점을 악용해 편법으로 90억 달러에 달하는 세금 납부를 회피했다는 것이었다. 애플의 최고경영자CEO 팀 쿡은 미국 상원 청문회에서 "우리는 내야 할 모든 세금을 다 냈다"면서 "단 1달러도 회피한 적이 없다"고 의혹을 부인했다. 그러면서 미국 기업들이 해외에 쌓아둔 현금을 미국으로 가지고 들어오지 않는 이유는 미국의 높은 법인세율과 복잡한 법인세 체계 때문이라고 항변했다. 쿡 CEO는 또한 "미국인들의 일자리 창출을 돕고 국내 투자를 늘리고 경제 성장을 촉진시킬 수 있는 방향으로 법인세 체계가 개선돼야 한다"고 지적했다. 구글과 스타벅스 등 내로라하는 다국적 기업들도 줄줄이 탈세 의혹으로 도마에 올랐다.

2013년 8월 들어서는 미국 기업들이 법인세를 줄이기 위해 유럽으로 본사를 옮기고 있다는 보도가 나왔다. 영국의 경제일간지 파이낸셜타임스에 따르면 미국 기업들이 유럽 기업들을 인수·합병M&A 한 후 아예 본사를 유럽으로 이전함으로써 세금 절감을 노리고 있다는 것이다. 예를 들어, 미국의 제약회사 페리고는 아일랜드의 바이오테크 회사인 엘란을 인수하면서 본사를 아일랜드로 옮기겠다고 발표했다. 이 경우 페리고는 유효법인세율이 30%에서 17%로 낮아지면서 연간 1억 1,800만 달러의 세금 절감이 가능할 것으로 추산하고 있다. 이외에도 제약회사 액타비스와 케이블그룹 리버티 글로벌 등도 각각 M&A를 통해 아일랜드와 영국 등으로 본사를 이전할 것으로 알려지고 있다. 특히 프랑스의 퍼블리시스와의 합병으로 세계 최대의 광고회사가 된 미국의 옴니콤은 본사를 제3국인 네덜란드에 둠으로써 연간 8,000만 달러의 세금을 절감할 계획이다.

낮은 세금을 찾아 철새처럼 옮겨 다니는 기업이 미국에만 있는 게 아니다. 2013년 3월 영국은 법인세율을 24%에서 23%로 낮추는 동시에 오는 2015년 4월까지 20%로 점진적으로 인하하겠다고 발표했다. 특히 특허로 발생하는 수입에 대한 법인세율은 10%로 인하했다. 이후 독일과 일본 기업들의 영국 특허 등록이 급증하고 있는 것으로 파악되고 있다. 회계법인 언스트&영은 2013년 7월 미국과 네덜란드, 스위스, 아일랜드 등에 본사를 두고 있는 40여 개 다국적 기업들이 영국으로 본사 이선을 주진하고 있다고 발표했다.

이쯤에서 따지기 어려운 각국 법인세 체계의 단순 또는 복잡함은 차치하고 각국의 최고 법인세율을 비교해보자. 주요국 중에서는 미국이 35.0%로 가장 높고, 프랑스가 34.4%로 그 뒤를 잇고 있다. 일

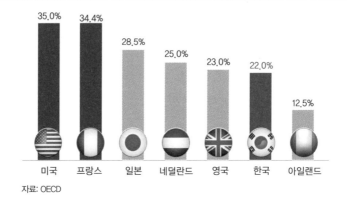

주요국 법인세율 비교

35.0% 34.4% 28.5% 25.0% 23.0% 22.0% 12.5%

미국 프랑스 일본 네덜란드 영국 한국 아일랜드

자료: OECD

본은 2012년에 한 번 인하해서 법인세율이 28.5%이지만 최근 아베 총리가 20%대까지 낮추는 방안을 검토하라고 지시했다. 네덜란드는 25%이고, 아일랜드는 12.5%로 주요선진국 중에서 가장 낮은 수준이다. 이 같은 법인세 인하 추세에 맞춰 미국의 오바마 대통령과 의회도 법인세율을 28%로 낮추는 방안을 협상 중에 있다.

우리나라의 최고 법인세율(과세표준 200억원 초과)은 현재 22%로 경제협력개발기구OECD 평균 25.4%에 비해 약간 낮은 수준이다. 하지만 기획재정부에 따르면 우리나라의 국내총생산GDP 대비 법인세수 비중은 2010년 3.5%로 OECD 회원국 평균인 2.9%보다 높은 상황이다. 독일(1.5%), 프랑스(2.1%), 미국(2.7%), 일본(3.2%) 등 주요선진국들은 대부분 우리보다 낮다. 이에 따라 정부는 법인세 과표구간을 최소화하는 방안으로 기업들의 법인세 부담을 줄이겠다는 개정안을 내놓았다. 반면 민주당은 법인세율을 최고 25%로 인상하는 방안을 검토 중인 것으로 알려지고 있다.

과연 우리나라의 법인세는 어느 쪽으로 가야 할 것인가? 아울러 기업하기 좋은 환경을 위해 글로벌 스탠더드에 맞지 않는 규제를 풀어야 할 것인가, 아니면 경제민주화 등을 내걸면서 계속 족쇄를 채워야 할 것인가? 한 번 떠난 기업을 다시 돌아오게 만들기는 어렵다. 철새 기업은 진짜 철새가 날씨와 환경에 따라 왔다 갔다 하는 것과는 달리 한 번 자리를 바꾸면 텃새가 되려는 성향이 있기 때문이다.

08 ···
글로벌 500대 기업과 세계 경제의 판도

세계 경제의 판도를 잘 보여주는 표를 하나만 고른다면 어떤 게 좋을까? 우선 경제 규모를 보여주는 국내총생산GDP 또는 1인당 GDP 수준을 떠올릴 것이다. 통상 경제 규모가 크면서도 잘 사는 미국 등 주요 7개국G7의 경제적 위상이 높다고 할 수 있다. 하지만 중국이나 인도처럼 인구가 엄청나게 많아 덩치GDP는 크지만 1인당 GDP는 세계 평균(1만 200달러)에 크게 못 미치는 경우도 있다. 2012년 중국과 인도의 1인당 GDP는 각각 6,076달러와 1,492달러였다. 반면 룩셈부르크의 경우 인구는 53만 명에 불과하지만 1인당 GDP는 10만 7,200달러로 세계에서 유일하게 10만 달러를 넘고 있다. 잘 살기는 해도 규모가 작아 세계 경제에 미치는 영향력은 미미하다고 할 수 있다.

이 같은 점에서 보면 1인당 GDP보다는 경제 규모GDP가 세계 경제의 판도를 좀 더 잘 보여주고 있다고 할 수는 있다. 그러나 뭔가 미흡한 구석이 있는 것 같아 찜찜한 마음이다. 이 때 필자가 들고 나오는 것이 미국의 경제지 포천Fortune이 매년 발표하는 '글로벌 500대 기업'이다. 한 나라의 경제가 대기업들로만 구성되는 것은 아니지만 대기업이라는 항공모함을 중심으로 움직이는 것은 어느 나라나 마찬가지이다. 특히 글로벌화의 진전으로 국가 간 경계가 낮아지거나 허물어지면서 초대형 글로벌 기업들이 글로벌 시장에서 점유율을 높이는 것은 피할 수 없는 추세이다.

2013년 7월에 발표된 '2013년 글로벌 500대 기업'을 국가별로 들여다보자. 미국이 132개로 압도적으로 많은 가운데 중국(89개)과 일본(62개)이 뒤를 잇고 있다. 중국이 글로벌 500대 기업 수에서 일본을 앞선 것은 2012년이 처음이다. 지난 2010년 중국이 GDP 규모에서 일본을 앞질렀을 때 조만간 글로벌 500대 기업 수에서도 일본을 추월할 것으로 예상했었다. 일본의 글로벌 500대 기업 수가 줄어들고 있는 반면, 중국은 매년 10개 이상씩 늘어나면서 불과 2년 만에 일본을 제친 것이다. 1993년만 해도 중국의 글로벌 500대 기업이 전무全無했던 것을 고려하면 20년 만에 엄청난 변화이자 무서운 성장세를 보여주는 것이다. 만약 이 같은 추세가 이어진다면 수년 내에 미국과 중국의 글로벌 500대 기업 수가 엇비슷한 수준이 될 것이라는 전망도 나오고 있다.

반면 1993년만 해도 글로벌 500대 기업 수가 128개로 미국(161개)을 턱 밑까지 추격했던 일본의 추락은 드라마틱하다고까지 말할 수 있다. 글로벌 500대 기업 수가 불과 20년 만에 절반 이하로 줄어든 것이다. 20여 년 넘어 이어지는 장기침체로 일본의 대기업들이 인

주요국의 글로벌 500대 기업 수 추이						
	미국	중국	일본	프랑스	독일	한국
1993년	161	0	128	30	32	12
2003년	192	11	88	40	35	13
2010년	139	46	71	39	37	10
2011년	133	61	68	35	34	14
2012년	132	73	68	32	32	13
2013년	132	89	62	31	29	14

＊2010년 GDP 규모에서 중국이 일본을 추월
자료: 〈포천(Fortune)〉

수·합병M&A 등으로 합쳐지기도 했지만 매출 감소 또는 도산 등으로 아예 순위에서 빠지고 있기 때문이다.

이외에도 프랑스(31개), 독일(29개), 영국(26.5개, 유니레버가 영국과 네덜란드 공동 국적)이 글로벌 500대 기업을 20개 이상 보유하고 있다. 글로벌 500대 기업을 20개 이상 가진 미국·중국·일본·프랑스·독일·영국을 'Big 6'로 부른다면 이들 Big 6가 무려 369.5개를 보유, 500대 기업의 4분의 3(73.9%)을 차지하고 있다.

우리나라는 스위스와 함께 글로벌 500대 기업을 14개씩(공동 7위) 보유하고 있다. GDP 규모에서 우리나라가 세계 15위라는 점을 감안하면 상당히 선전하고 있다고 할 수 있다. 하지만 1993년 12개에서 20년 동안 더 늘리지 못하고 횡보하고 있는 것은 크게 아쉬운 점이다. 반면 스위스와 네덜란드는 인구가 각각 800만 명, 1,680만 명으로 GDP 규모로는 18위, 20위지만 글로벌 500대 기업 수는 각각 14

개, 11.5개로 공동 7위와 8위를 차지하고 있다. 작지만 강한 나라, 즉 강소국強小國은 바로 이들 두 나라라고 할 수 있다.

이런 가운데 우리 경제는 2007년 1인당 GDP 2만 달러를 넘어선 이후 아직도 2만 4,000달러대에서 움직이고 있다. 글로벌 금융위기의 여파라고는 하지만 우리 경제가 지난 20여 년 동안 세계적으로 경쟁력 있는 대기업, 즉 향후 우리 경제를 이끌어갈 핵심동력을 더 많이 키워내지 못한 탓도 있지 않을까? 1인당 GDP 3만 달러, 4만 달러로 가기 위해서라도 글로벌 대기업을 키워내는 경제로 탈바꿈해야 할 것이다.

09 ●●●
다우지수를 보면 경제 트렌드가 보인다

    요즘 우리나라 주식 투자자들이 아침에 일어나서 가장 먼저 하는 일이 무엇일까? PC 또는 스마트폰을 통해 미국 주식시장의 다우지수를 확인하는 일이 아닐까? 다우지수가 올랐으면 오른 이유를, 내렸으면 내린 이유를 들여다보면서 곧 열릴 우리나라 주식시장의 향방을 가늠해보는 것이다. 다우지수는 '다우존스산업평균지수the Dow Jones Industrial Average'를 줄여서 부르는 말로 다우존스지수, 다우30, 또는 가장 간단하게는 그냥 다우라고 부르기도 한다. 나스닥지수, S&P500지수와 함께 미국 뉴욕 주식시장의 흐름을 알려주는 3대 지수로 알려져 있다.

    다우지수를 다우30이라고도 하는 것은 구성종목이 모두 30개이기 때문이다. 미국 주식시장을 대표할 수 있는 30개의 규모가 크고 오래된 우량주large, old and blue-chip stocks들만으로 등락을 계산해내는 것이다. 이에 따라 전체 상장회사 4,900여 개(2013년 6월 현재 뉴욕 증시 2,339개, 나스닥 2,581개) 중에서 표본종목의 수가 너무 적어서 시장 전체 동향을 제대로 대변할 수 없다는 비판을 받기도 한다. 아울러 시가총액이 아니라 주가를 가중치로 하여 단순평균하는 수치여서 가격이 높은 주식의 영향력이 크게 나타난다는 단점도 가지고 있다. 또한 표본종목이 속한 산업이 사양산업이 되거나 표본종목이 경영부실 등으로 그 기업이 속한 산업을 대표할 수 없을 때는 다른 기업으로 대체해야 하는데 이 때 과거 지수와의 연속성을 유지하기가 어렵다는 점도 단점으로 들 수 있다.

하지만 이 같은 단점에도 불구하고 다우지수는 1896년 12개 종목으로 시작한 이후 1916년 20개, 1928년 30개 종목으로 변경된 이후 지금까지도 미국 증시를 대표하는 주가지수로 군림하고 있다. 뿐만 아니라 30개 종목이 몇 년에 한 번씩 바뀌어 왔다는 점은 단점인 동시에 글로벌 경제의 트렌드를 짚어볼 수 있는 의미 있는 단서를 제공하고 있다.

먼저 1896년 5월에 선정된 12개 종목을 살펴보자. 설탕, 면실유, 사료, 담배, 가죽, 고무, 가스, 전력, 석탄 및 철강 등이 주를 이루고 있었다. 이들 중 아직도 다우지수에 이름을 올리고 있는 기업은 제너럴일렉트릭GE이 유일하다. GE가 지금까지 살아남은 것은 전력생산 외에도 전력관련기기, 원자력발전설비, 원자력 연료, 제트엔진 등으로 업종을 다양화했을 뿐 아니라 방송과 금융까지 진출했기 때문이다. 특히 금융 부문의 매출이 총 매출의 절반을 넘어서면서 GE의 업종을 복합금융회사diversified financials로 표시하고 있을 정도이다. 100

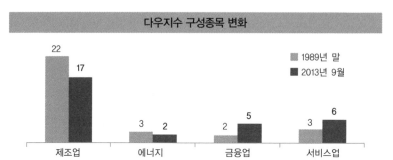

다우지수 구성종목 변화

	1989년 말	2013년 9월
제조업	22	17
에너지	3	2
금융업	2	5
서비스업	3	6

년 넘어 미국 증시를 대표하는 기업으로 살아남기 위해서는 얼마나 치열한 자기개발과 확장은 물론 자기부정自己否定이 공존해야 하는가를 잘 보여주고 있다고 할 수 있다.

1990년 이후 가장 최근인 2013년 9월까지의 구성종목 변화를 보면 다음과 같은 특징을 찾을 수 있다. 기간 중 9번의 구성종목 변경에서 총 23개 기업이 바뀌었다. 탈락한 23개 기업 중에서는 제조업이 14개, 에너지가 2개, 금융업이 4개, 서비스업이 3개였다. 반면 제조업 9개, 에너지 1개, 금융업 7개, 서비스업 6개가 새로 편입되었다. 제조업에서도 철강, 타이어, 화학, 제지, 알루미늄 등이 빠지고 의약, 통신, 소프트웨어, 소비재 등이 편입되고 있다. 금융업에서도 전통적인 상업은행이 빠지면서 투자은행과 카드와 같은 소비자금융이 들어오고, 서비스업에서는 유통과 통신, 의료서비스가 새롭게 진입하고 있다.

1989년 말과 현재의 다우30을 업종별로 보면 제조업이 22개에서 17개로 줄어들고, 에너지기업이 3개에서 2개로 줄어든 반면, 금융업이 2개에서 5개로, 서비스업이 3개에서 6개로 영역을 확대하고 있다. 제조업에서도 철강, 알루미늄, 화학과 같은 전통제조업보다는 의약, 통신, 소프트웨어, 소비재가 득세를 하고 있다. 앞으로도 이 같은 흐름은 계속 이어질 것이다.

새로운 금융시대

"

연방준비제도이사회FRB는 2014년 2월 1일 벤 버냉키 의장이 물러나고 재닛 옐런Janet Yellen 부의장이 바통을 이어받았다. 미국의 시사주간지 타임이 2014년 세계에서 가장 영향력 있는 인물로 옐런을 선정하면서 "서브프라임모기지의 위험성을 미리 경고한 예언자에서 이제는 역사상 새로운 통화 프로그램을 운영해야 할 사람이 됐다"고 언급했듯이, FRB 100년 역사상 첫 여성의장으로 취임하는 옐런이 전문성과 경험을 바탕으로 매파의 목소리가 높아질 FOMC를 자신이 원하는 방향으로 이끌어갈 것인가 세계가 주목하고 있다.

"

01 •••
미국 FRB의 출구전략과 데자뷰

2013년 5월 하순 미국의 중앙은행인 연방준비제도이사회FRB의 출구전략 논란이 불거지면서 전문가들 사이에서 이런 말이 돌았다. "이거 어디서 본 듯한 걸?" 출구전략 논란이 이번이 처음이 아니라 어디서 본 적이 있거나 경험한 적이 있는 듯한 느낌을 준다는 것이었다. 우리말로는 '기시감既視感', 프랑스어로는 '데자뷰déjà-vu'인 셈이었다.

이럴 때 가만히 있다면 전문가들이 아니잖은가? 그래서 찾아낸 것이 1994년과 2004년이었다. 이때도 FRB가 경기부양의 저금리기조에서 금리를 인상하는 긴축 모드, 즉 출구전략으로 진입했던 것이다. 그렇다면 이제 남은 것은 2013년 현재와 1994년과 2004년을 비교하면서 차이점과 시사점을 찾아내는 것이다.

1994년과 2004년은 버냉키 의장의 전임인 앨런 그린스펀이 의장일 때였다. FRB는 1994년 2월부터 다음 해 2월까지 총 7차례에 걸쳐 기준금리를 3.0%에서 6.0%로 인상했다. 사전 예고 또는 경고 신호도

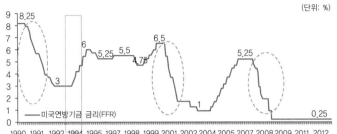

(단위: %)

미국연방기금 금리(FFR)

없이 1년이라는 짧은 기간에 걸쳐 때로는 한 번에 0.75%포인트를 올리기도 하는 등 공격적으로 출구전략을 실행했다. 미국의 주가와 채권가격이 급락한 것은 물론 불똥이 해외로 튀었다. 특히 해외로 나갔던 돈들이 급거 미국으로 되돌아오기 시작했다. 이 바람에 멕시코와 아르헨티나 등의 주가는 고점대비 50% 이상 폭락하면서 멕시코를 시작으로 중남미 국가들이 위기를 겪고 말았다.

반면 2004년의 출구전략은 속도와 사전 신호 면에서 철저히 계획된 수순이었다. 2004년 1월 정기회의에서 FRB는 '금리를 상당 기간 a considerable time 낮게 유지할 계획'이라는 문구를 삭제한 다음 그 해 6월부터 기준금리를 올리기 시작했다. 이 후 2년에 걸쳐 기준금리를 1%에서 5.25%까지 끌어올렸다. 한 번에 0.25%포인트씩 천천히 그러면서도 꾸준하게 인상했다. 그린스펀 의장이 10년 전의 신속하면서도 공격적인 금리 인상이 가져온 후폭풍과 비판을 염두에 둔 행보였다는 평가를 받았다. 실제로 이처럼 신중하면서도 예고된 금리 인상은 투자자들과 시장에 대비할 시간을 충분히 줌으로써 미국은 물론 글로벌 시장 또한 큰 혼란 없이 고금리를 받아들일 수 있었다.

다시 한 번 강산이 변한 지금 경제 환경도, FRB 의장도 바뀌었다. 출구전략을 고려하고 있는 버냉키 의장도 데자뷰를 떠올리면서 과거를 짚어봤을 것이다. 그 결과 당연히 1994년보다는 2004년을 바람직한 모델로 선택했다. 이에 따라 2013년 6월 중순 양적완화 축소와 기준금리 인상 시기 등을 공개적으로 밝혔다. 사실 버냉키 의장은 시장과 투자자들에게 2004년보다 훨씬 더 많은 시간을 주고 있는 셈이다. FRB는 지금 당장이 아니라 "미국 경제가 FRB의 전망대로 개선추세를 이어간다면"이라는 단서조항을 달았기 때문이다. 더욱이 빨라야 2013년 하반기에 양적완화 규모를 축소하기 시작해서 2014년 중반에 중단하겠지만 기준금리 인상은 '먼 미래의 일'이라고까지 못 박았다.

그렇다면 질문은 "과연 미국은 물론 세계 경제와 금융시장이 양적완화 축소 및 중단에 이은 금리 인상을 잘 감내할 수 있는가?" 하는 것이다. 대다수 전문가들은 이 부분에서 부정적 견해를 내놓고 있다. 가장 중요한 미국 경제의 체력이 2004년보다 못할 뿐 아니라 세계 경제도 그 때만 못하다는 것이다. 미국의 성장률만 보더라도 2004년에는 3.5%였지만 2013년은 그 절반에 불과한 1% 후반대로 예상되고 있다. 또한 출구전략 실행의 핵심 요건이자 기준이라고 내놓은 실업률 6.5%도 잘 해야 2015년에 가야 가능할 것이라는 전망이다.

버냉키 의장은 2014년 1월 말이면 물러날 예정이다. 누가 후임이 되든 출구전략의 행보는 2004년보다 훨씬 더 신중하면서도 조심스러울 수밖에 없을 것이다. (FRB는 2014년 2월 1일 벤 버냉키 의장이 물러나

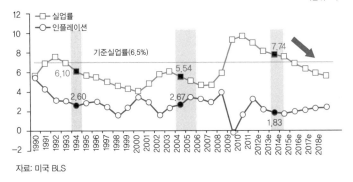

미국의 경제지표와 출구전략

(단위: %)

자료: 미국 BLS

고 재닛 옐런 부의장이 바통을 이어받았다.) 풍선에 바람을 불어넣기보다
더 어려운 게 빵빵하게 바람이 든 풍선에서 바람을 빼는 일이다. 잘
못 다룰 경우 터지기도 하고, 자칫 주둥이를 놓치게 되면 다시 잡을
수 없는 것은 물론 그 경로도 예측할 수 없기 때문이다.

02 ···
미국 출구전략 이후의 세계 경제

　미국의 중앙은행인 연방준비제도이사회FRB가 돈을 그만 풀겠다는 폭탄선언을 하면서 주식과 채권, 외환 등 전 세계 금융시장이 요동을 치고 있다. FRB가 미국을 넘어 세계의 중앙은행임을 잘 보여주고 있는 셈이다. FRB가 발행하는 달러는 전 세계 어느 곳에서나 환영 받는 이른바 기축통화이다. 미국 제1의 단일 수출품목이자 주요국들이 방어벽으로 쌓고 있는 외환보유액의 60% 이상이 달러인 것만 봐도 잘 알 수 있다.

　사실 버냉키 FRB 의장의 언급은 어디까지나 전망에 입각한 예상 스케줄일 뿐이다. 미국 경제가 FRB가 전망하는 대로 개선추세를 이어갈 경우 2013년 하반기에 양적완화 규모를 축소하기 시작해서 2014년 중반에 종료하겠다는 것이다. 자동차 운전으로 치면 엑셀러레이터에서 발을 떼겠지만 아직 브레이크를 밟지는 않겠다는 것이다. 그런데도 투자자들은 이미 FRB가 브레이크를 밟기 시작하면 어떤 일이 일어날 것인가에 집중하고 있는 것이다. 이들이 그리는 세계 경제와 금융은 어떤 모습일까?

첫 번째는 말 그대로 돈의 흐름이 바뀔 수밖에 없을 것이다. FRB가 푼 것만 해도 3조 달러가 넘는 돈이 새로운 투자처를 향해 움직이는 '머니 무브Money move'가 시작되는 것이다. 예를 들면, 국채와 원자재 시장으로 흘러들어갔던 돈들이 빠져나와 향후 추가 상승이 예상되거나 그간 상대적으로 소외되었던 주식 또는 부동산 등으로 몰려가는 것이다. 특히 출구전략의 후폭풍으로 변동성이 커지는 가운데 수익성과 안정성을 꼼꼼히 따지는 투자국가 및 투자자산별 옥석가리기가 활발하게 일어날 것이다. 물론 변동성이 높은 당분간은 눈치를 보면서 바로 현금화할 수 있는 단기금융자산으로 보유하다가 기회를 포착하면 빠르게 움직일 것이다. 또한 수익률이 높은 신흥시장국으로 유입됐던 달러 캐리트레이드Dollar Carry Trade 등 그간 신흥시장국으로 유입되던 자금이 선진국으로 회귀하는 흐름을 보일 것이다.

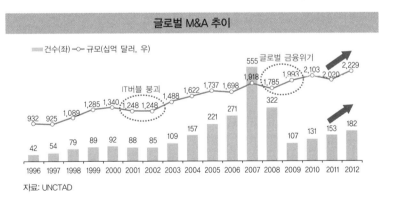

글로벌 M&A 추이

■ 건수(좌) ―○― 규모(십억 달러, 우)

자료: UNCTAD

이 과정에서 선진국·신흥시장국 가릴 것 없이 글로벌 인수·합병Cross-border M&A은 더 공격적으로 일어날 것이다. 글로벌 금융위기 이후 주춤했던 기업들의 글로벌화 전략이 계속될 것이기 때문이다. 특히 양적완화 규모 축소 등 출구전략에 따라 금리가 오르고 돈줄이 마르기 전에 고수익 또는 시너지가 예상되는 기업과 위기과정에서 헐값에 나오는 알짜기업을 인수하고자 할 것이다. 신성장동력의 확보와 함께 소비 및 생산시장을 선점하려는 기업 간 경쟁이 더 치열해지는 것이다.

두 번째는 돈이 이렇게 국경을 넘나들면 사고가 터지기 마련이라는 점이다. 또한 빈번하게 발생할 국지적 위기가 그 범위와 성격에 따라 글로벌 위기로 확산될 가능성 또한 배제할 수 없을 것이다. 신흥시장국의 경우 머니 무브 과정에서 캐리트레이드 자금이 급격하게 빠져나가면서 주가와 국채 가격이 급락하는 반면 환율이 급등하는 1997년 아시아 외환위기 식의 위기를 겪게 될 수도 있다. 이에 따라 외환보유액과 경상수지 흑자 등 위기대응능력에 따른 국가별 차별화가 점점 더 뚜렷해질 것이다. 이 같은 점에서 우리나라와 대만, 싱가포르 등은 상대적으로 유리한 상황이라고 할 수 있다. 반면 브라질과 인도, 인도네시아, 터키 등은 위기 가능성이 높은 나라로 꼽히고 있다. 다른 한편으로 선진국들은 2008년 글로벌 금융위기 이후 취약해진 재정과 정부 부채로 인해 재정위기 가능성이 간헐적으로 불거져 나올 것이다. 일부 선진국들은 재정위기로 인해 국채 가격이 급락할 경우 은행위기까지 겹치면서 성장률이 둔화되고 실업률이 급등할 것

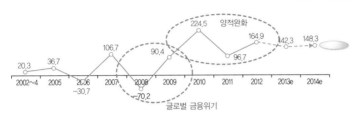

신흥국의 주식·채권시장 자금유입 추이 및 전망

(단위: 십억 달러)

- 2002~4: 20.3
- 2005: 36.7
- 20.06: −30.7
- 2007: 106.7
- 2008: −70.2
- 2009: 90.4
- 2010: 224.5 (양적완화)
- 2011: 96.7
- 2012: 164.9
- 2013e: 142.3
- 2014e: 148.3

글로벌 금융위기

자료: IMF

이다. 이 때 그리스와 이탈리아 등에서 보는 것처럼 국민들의 불만이 터져 나오면서 리더십이 자주 바뀌는 정치적 불안도 피할 수 없을 것이다.

세 번째는 1990년대 이후 전 세계적으로 안정세를 유지하던 인플레이션에도 지각변동이 일어날 것이다. 미국 등 주요선진국들의 경우 시중의 돈을 회수하는 출구전략 모드로 진입하면서 인플레이션 우려가 크게 줄어들 것이다. 특히 그리스와 이탈리아 등 남유럽 재정위기국들은 경기불황이 이어지는 가운데 물가가 하락하거나 0~1% 대에서 움직이는 일본식 장기불황형 디플레이션으로 진입할 가능성도 배제할 수 없다. 반면 신흥시장국들의 경우 선진국으로부터 유입된 달러가 빠져나가면서 국내 유동성이 줄어들어 물가상승 압력이 낮아지는 부분도 있을 것이다. 하지만 이미 풀릴 대로 풀린 돈이 인플레이션 기대심리를 부추기고 있는 데다 달러가 빠져나가는 과정에서 환율 급등에 따른 수입물가발 인플레이션 우려가 상존하게 될 것이다. 브라질과 인도, 러시아, 아르헨티나 등은 이미 소비자물가상승률이 최고 10%대까지 치솟고 있어서 성장보다 물가안정 쪽으로 경제정책 방향을 돌리고 있다.

돈이 넘쳐날 때는 개인은 물론 기업이나 국가도 흥청망청하기 마련이다. 하지만 돈줄이 마르기 시작하면 누구나 기본으로 돌아갈 수밖에 없다. 수익성과 안전성은 물론 위기 및 인플레이션(또는 디플레이션) 가능성을 훨씬 더 꼼꼼하게 따지고 짚어보는 '패러다임의 전환 Paradigm shift'이 일어나는 것이다. 바뀌는 패러다임에 맞는 투자자산만이 각광을 받는 것처럼 바뀌는 패러다임에 잘 적응하는 동시에 차별화에 성공하는 개인과 기업, 국가만이 살아남을 수 있을 것이다.

출구전략은 버냉키의 결자해지結者解之

벤 버냉키 FRB 의장은 '헬리콥터 벤'이라는 별명으로 유명하다. FRB 이사 시절이던 2002년 한 연설에서 "필요하다면 헬리콥터에서 돈을 뿌려서라도 경기를 살려야 한다"고 주장했기 때문이다. 2006년 2월 FRB 의장으로 취임할 때까지만 해도 이 별명은 일종의 가십거리일 뿐이었다.

그러나 2007년 초부터 불어 닥친 서브프라임모기지발 금융위기는 그 같은 별명이 우연히 붙은 게 아니라는 것을 여실히 증명하게 만들었다. 당시 대공황에 버금가는 위기라는 분석이 나오는 가운데 대공황의 최고전문가로 인정받고 있던 버냉키 의장이 이끄는 FRB는 재빨리 칼을 휘두르기 시작했다.

2007년 9월을 시작으로 2008년 12월까지 불과 1년 3개월 만에 기준금리를 5.25%에서 제로 수준까지 인하했다. 동시에 이 정도로는 부족하다면서 경제학 교과서에도 없는 양적완화Quantitative Easing라는 수단까지 들고 나왔다. 이후

2012년까지 세 차례에 걸친 양적완화를 통해 총 3조 달러가 넘는 달러를 풀었다. 3조 달러면 세계 14~15위 경제 규모인 우리나라의 온 국민과 기업들이 1년 내내 생산해낸 부가가치의 합인 국내총생산GDP의 무려 3배에 해당하는 천문학적인 돈이다.

그런 그가 전문가들의 예상보다 다소 빠르게 출구전략 일정을 밝힌 것은 결자해지結者解之의 심정이 아니었을까? 2014년 1월 말 두 번째 임기를 끝으로 물러날 것으로 알려진 그가 "내가 저지른 일을 내가 수습하고 나가자"는 마음이 성급한 일정 발표로 이어졌을 수도 있다는 관측이다. 과연 후임의장이 전임자의 뜻을 이어받아 큰 무리 없이 출구전략을 잘 실행할 수 있을까? 빌려준 돈을 회수하기는 어려울 뿐 아니라 잘못하면 욕을 먹기 십상이기 때문이다.

03 •••
재닛 옐런 FRB 신임의장의 2014년은?

　출구전략의 향방은? 미국의 중앙은행인 연방준비제도이사회FRB
의 2014년 최대 현안이자 선진국들은 물론 신흥시장국들의 최대 관
심사이기도 하다. 출구전략exit strategy은 원래 군사용어로 피해를 최
소화하면서 전쟁을 끝내는 전략을 의미한다. 경제학으로 와서는 경
기침체기에 경기를 부양하기 위해 취했던 각종 완화정책을 부작용을
최소화하면서 서서히 거두어들이는 전략이라는 뜻으로 쓰이고 있다.
FRB로서는 2008년 글로벌 금융위기 이후 실시해오고 있는 양적완화
및 제로 금리 정책으로부터 언제 어떤 속도와 강도로 벗어나는가 하
는 것이다.

　FRB는 2014년 2월 1일 벤 버냉키 의장이 물러나고 재닛 옐런Janet
Yellen 현 부의장이 바통을 이어받았다. 버냉키 의장은 2006년 취임
한 이후 글로벌 금융위기를 극복하느라 대부분의 임기를 보냈다. 사
실 버냉키 의장의 고난(?)은 취임할 때부터 예상됐던 일이다. 월스트

리트저널은 버냉키 의장이 앨런 그린스펀 전임의장으로부터 '독이 든 성배Poisoned Chalice'를 건네받았다고 비꼬았다. 그린스펀 의장이 18년 동안 의장직을 수행하면서 제2차 세계대전 후 최장기 호황을 이끌었지만 그 과정에서 임기응변식 또는 단기적 처방으로 주식 거품에 이어 부동산 거품까지 초래했다는 비판이었다. 결국 서브프라임모기지(비우량장기주택담보대출)에서 문제가 발생하더니 2008년에는 글로벌 금융위기로까지 확산되었다.

위기를 맞은 버냉키 의장은 금리를 제로 수준까지 낮추다 못해 양적완화라는 비교과서적·비전통적 수단까지 동원했다. 헬리콥터 벤이라는 별명에 걸맞게 3차에 걸친 양적완화를 통해 총 3조 7,000억 달러가 넘는 돈을 시중에 풀었다. 2013년 한 해 동안 우리나라 기업과 국민들이 생산해낸 부가가치의 합계인 국내총생산GDP이 1조 2,000억 달러 안팎이다. 세계 15위인 우리나라 GDP의 무려 3배가 넘는 달러를 찍어낸 것이다.

버냉키 의장이 전임의장으로부터 건네받은 것이 독이 든 성배였다면 옐런 신임의장은 무엇을 건네받고 있다고 표현할 수 있을까? 버냉키 의장이 물(돈)을 엄청나게 퍼부어 희석을 시켜 놓았지만 아직 독이 완전히 다 사라진 것은 아니다. 따라서 옐런 신임의장은 전임자로부터 '저급수로 가득 찬 농경지'를 물려받고 있다고 할 수 있지 않을까? 경제와 금융시장이 제대로 돌아가게 하기 위해서는, 즉 농사를 제대로 짓기 위해서는 독을 계속 제거하는 동시에 물의 양도 줄여나가는 출구전략에 나서야 하는 것이다.

한 가지 다행이라면 버냉키 의장이 2013년 12월 양적완화 규모를 축소tapering하는 첫 단추를 꿰었다는 점이다. 댐의 수문을 열어 제치기만 했지 닫지는 못하고 후임에게 그 역할을 떠넘길 것이라는 전망이 우세했지만 결자해지結者解之하는 심정으로 출구전략의 물꼬를 터준 것이다. 하지만 진짜 시작은 이제부터라고 할 수 있다. 옐런 신임 의장의 과제는 크게 2가지로 볼 수 있다. 하나는 과연 저급수로 가득 찬 농경지의 물과 독을 빼면서 미국 경제가 회복가도를 달릴 수 있도록 출구전략의 속도와 강도를 적절히 조절해 나갈 수 있을 것인가 하는 것이다. 다른 하나는 금리와 양적완화 등을 결정하는 FRB 내 최고 의사결정기구인 연방공개시장위원회FOMC를 여하히 조율하면서 자신이 원하는 방향으로 이끌고 갈 수 있을 것인가 하는 것이다.

첫 번째 과제의 경우 옐런 신임의장이 충분한 능력과 경험을 갖추고 있다는 데 누구도 이의를 제기하지 않는다. 순조롭게 진행된 상원 인준 과정과 노벨 경제학상 수상자를 포함한 경제학자 350명이 옐런 부의장을 지지하는 공동서한을 오바마 대통령에게 보냈다는 사실에서도 옐런의 위상과 신뢰를 확인할 수 있다. 서한에서 경제학자들은 옐런이 2005년 미국 부동산 시장의 붕괴 가능성을 정확히 예측했을 뿐 아니라 고용 창출에 확고한 신념을 가지고 있다면서 미국의 번영을 위해 현명한 결정을 할 것으로 믿어 의심치 않는다고 강조했다. 경기예측력, 위기 감지 능력에다 위기 극복 경험 등 미국의 금융정책을 가장 잘 이끌고 갈 수장이라는 평가를 받고 있는 것이다. 지금까지 보여준 성품대로라면 옐런은 너무 느리지 않느냐는 비판을 받을

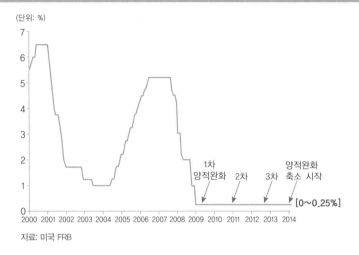

(단위: %)

1차
양적완화 2차 3차
양적완화
축소 시작

[0~0.25%]

2000 2001 2002 2003 2004 2005 2006 2007 2008 2009 2010 2011 2012 2013 2014

자료: 미국 FRB

정도로 매우 신중하게 양적완화 축소를 단계적으로 실시해나갈 것이다. 특히 버냉키 의장이 언급한 대로 경제 상황에 따라 양적완화 규모를 다시 늘리는 조치도 불사할 것이다. 또한 2014년 말 실업률이 6.5%를 하회한다고 하더라도 금리 인상에 섣불리 나서지는 않을 것이다.

반면 두 번째 과제는 경제학자들의 서한에서 옐런이 FRB 지도부의 공감대를 효과적으로 구축해왔다고 언급하고 있지만 앞으로도 고민하면서 풀어나가야 할 가장 중요한 과제라고 할 수 있다. 무엇보다 FOMC 위원들의 면면이 크게 바뀌기 때문이다. 문제는 물가안정보다 경제성장과 고용창출을 우선시하는 온건파인 비둘기파들이 대거 물러나는 대신 매파들이 FOMC의 새로운 투표위원으로 입성한다는 점이다. 그만큼 매파들의 목소리가 높아질 가능성이 크다는 것이다. 백악관에서 열린 의장 지명자 발표 석상에서 옐런이 "회의에서는 활발한 토론이 필요하지만 그 이후에는 통일된 목소리가 나와야 한다"고 강조한 것도 이 같은 점을 염두에 두었기 때문일 것이다.

이제 주사위는 던져졌다. 학창시절부터 동료들로부터 한 수 위로 평가받으면서도 절대로 자신을 드러내는 법이 없었다는 옐런 신임의장. 파이낸셜타임스는 "그를 아는 모든 사람들이 한 가지 동의하는 것은 옐런이 특이할 정도로 상냥하고 품위 있다는 점"이라고 평했다. 동시에 '매보다 더 날카로운 예측력을 가진 비둘기'라는 게 월스트리트저널의 평가이다. FRB 100년 역사상 첫 여성의장으로 취임하는 옐런이 전문성과 경험을 바탕으로 매파의 목소리가 높아질 FOMC도 자신이 원하는 방향으로 무난히 이끌어갈 것이라는 기대감이 높은 이유이기도 하다.

FOMC: 매파와 비둘기파의 대결장

연방공개시장위원회ᴦOMC는 통화 및 금리 정책을 결정하는 FRB 내 최고의사결정기구이다. 우리나라의 한국은행으로 치면 금융통화위원회에 해당한다. FOMC는 의장과 부의장을 포함하는 7명의 FRB 이사와 5명의 지역연방준비은행 총재 등 총 12명이 투표권을 행사한다. 미국 전역에 있는 12개 지역연방준비은행 총재 중 항상 투표권을 행사하는 뉴욕연방준비은행 총재를 제외한 11개 은행 총재들이 매년 정해진 순서에 따라 4명씩 돌아가면서 투표권을 행사한다.

문제는 2014년 들어 물가안정보다 경제성장과 고용창출을 우선시하는 비둘기파들이 상당수 물러나는 대신 매파들이 FOMC의 새로운 투표위원으로 입성한다는 점이다. 매파들은 물가안정을 중요시하면서 과도하게 풀린 달러가 인플레이션 등 각종 부작용을 일으키기 전에 가급적 빨리 양적완화를 축소·중단하고 적절한 시기에 금리도 인상해야 한다고 주장한다. 현재 공석인 1석을 제외한 6명의 FRB 이사 중 옐런 신임 의장은 버냉키 전임 의장에 이어 자타가 공인하는 비둘기파라고 할 수 있다. 이사 4명 중 라엘 브레이너드 이사(전 재무부 차관으로 신임)와 대니얼 타룰로 이사는 비둘기파, 제러미 스타인 이사와 제롬 파월 이사는 중도파로 분류하고 있다. 이들 중도파 이사 2명은 지금까지의 투표권 행사와 성향을 보면 비둘기파에 가깝다고 할 수 있다. 하지만 다수의 의견을 따라가는 중도파라는 점에서 매파의 목소리가 득세하기 시작하면 태도를 바꿀 가능성도 배제할 수 없다.

새로 임명된 스탠리 피셔 부의장은 버냉키 전임 의장의 스승으로 이스라엘 중앙은행 총재를 지냈다. 명망에서나 나이에서나 옐런 의장을 압도하는 인물이다. 언론에 따라 비둘기파로 분류되기도 하고 매파로 분류되기도 하지만 매파에 가깝다는 것이 중론이다. 하지만 옐런 의장이 나서서 부의장으로 모셔왔다는 점에서 옐런 의장의 심중과 정책 방향을 대놓고 반대하지는 못할 것이라는 분석이다. 그렇다면 다수를 따라가는 중도파로 분류하는 것이 합리적이라는 견해도 나오고 있다. 공석중인 이사 한 자리에 대한 하마평은 아직 없지만 오바마 대통령으로서는 가급적 비둘기파 인사를 임명하고자 할 것이다.

지역연준 총재 5명의 성향은 어떻게 분류할 수 있을까? 먼저 계속 투표권을 행사하는 윌리엄 더들리 뉴욕연방준비은행 총재는 그간 비둘기파로 분류돼 왔다. 새로 투표권을 행사하는 총재 중 나라야나 코체라코타 미니애폴리스연방준비은행 총재는 비둘기파, 로레타 메스터 클리블랜드연방준비은행 총재(신임)는 중도파에 속한다. 특히 그간 매파적 성향을 보이던 코체라코타 총재는 최근 비둘기파로 입장을 바꾼 후 비둘기파를 대변할 정도로 양적완화 지속의 필요성을 강조하고 있다.

반면 새로 FOMC에 입성하는 리처드 피셔 댈러스연방준비은행 총재와 찰스 플로서 필라델피아연방준비은행 총재는 대표적인 매파들이다. 특히 피셔 총재는 2번째 테이퍼링을 결정한 이후 연이어 강성발언을 내놓고 있다. 사실 1월 말 2014년 첫 번째 FOMC를 개최하기 전부터 신흥시장국의 외환시장과 주식시장이 불안한 조짐을 보이자 테이퍼링을 뒤로 늦출 수도 있다는 전망이 나오기도 했다. 하지만 2013년 12월에 이어 2번째 테이퍼링에 돌입하면서 신흥시장국 시장이 더 불안해지자 미국의 테이퍼링을 비판하는 목소리가 높아졌다. 이에 대해 피셔 총재는 "FRB는 미국의 중앙은행이지 세계의 중앙은행이 아니다"라면서 FRB의 결정을 옹호하고 나섰다. 이어서 한 언론과의 인터뷰에서는 "최근 주가가 하락하기는 했지만 1년 전과 비교하면 여전히 매우 높은 수준을 유지하고 있다. FRB는 통화정책을 펼 때 미국의 실제 경제가 어떻게 움직이고 있는지에 초점을 맞출 뿐 주식시장에 초점을 맞추진 않는다"면서 테이퍼링의 속도를 늦춰서는 안 된다고 주장했다. 플로서 총재 또한 "신흥시장국의 변동성이 미국 경제에 큰 리스크가 되지 않을 것"이라면서 피셔 총재를 두둔하고 나섰다. 이들은 미국 경제가 현재와 같은 속도로 회복세를 이어간다면 주식시장이나 신흥시장국이 어떻게 되든 테이퍼링을 계속 해야 한다는 것이다.

이 같은 성향을 가진 매파들의 목소리를 설득하고 포용하는 것이 옐런 의장의 몫이다. 스탠리 피셔 부의장을 합쳐도 매파는 3명으로 소수이기는 하지만 목소리는 상대적으로 클 수밖에 없는 상황이기 때문이다. 결국 옐런 신임의장이 자신의 주장과 결정을 밀고나가기 위해서는 FOMC 내에서 앨런 그린스펀과 벤 버냉키 전임 의장들에 못지않은 보다 강력한 리더십이 요구되는 상황이라고 할 수 있다.

FOMC 위원들의 성향		
비둘기파(5~6명)	중도파(3~4명)	매파(2~3명)
– 재닛 옐런 의장 – 대니얼 타룰로 이사 – 라엘 브레이너드 이사(신임) – 윌리엄 더들리 뉴욕 FRB 총재(상임) – 나라야나 코체라코타 미니애폴리스 FRB 총재(신임) – 1인(공석)	– 제롬 파월 이사 – 제러미 스타인 이사 – 로레타 메스터 클리블랜드 FRB 총재(신임)	– 리처드 피셔 댈러스 FRB 총재(신임) – 찰스 플로서 필라델피아 FRB 총재(신임) – 스탠리 피셔 부의장(신임)

04 •••

옐런호 FRB 어디로 가나?

　미국의 중앙은행인 연방준비제도이사회FRB에게 2014년은 큰 변화의 해가 될 것이다. 벤 버냉키 의장이 물러나고 2월 초 재닛 옐런 부의장이 의장으로 취임했기 때문이다. 옐런 신임의장은 버냉키 의장이 2013년 12월에 시작한 테이퍼링tapering(시중에 돈을 푸는 양적완화 규모를 줄여가는 조치)을 잘 마무리해야 한다. 뿐만 아니라 테이퍼링이 끝나고 나면 적절한 시기에 금리를 인상함으로써 금융시장을 정상화시켜야 하는 임무도 물려받았다. 미국의 시사주간지 타임이 2014년 세계에서 가장 영향력 있는 인물로 옐런을 선정하면서 "서브프라임모기지의 위험성을 미리 경고한 예언자에서 이제는 역사상 새로운 통화 프로그램을 운영해야 할 사람이 됐다"고 언급한 것에서 옐런의 험난한 앞날을 엿볼 수 있다.

　버냉키 의장은 위기를 극복하느라 임기의 대부분을 보냈다. 2006년 취임한 후 2007년 초부터 서브프라임모기지에서 문제가 발생하더니 2008년에는 미국을 넘어 글로벌 금융위기로 확산되었다. 버냉키 의장은 금리를 제로 수준으로 낮춘 데 이어 3차에 걸친 양적완화를 통해 총 3조 7,000억 달러가 넘는 돈을 시중에 풀었다.

이렇게 공급된 달러가 미국은 물론 전 세계적으로 흘러넘치는 상황에서 새 선장으로 옐런이 취임한 것이다. 취임 후 첫 의사봉을 잡는 3월 회의를 포함, 이후 총 7번 열리는 정기회의에서 옐런 신임의 장은 과연 어떤 시나리오를 보여줄 것인가? 2013년 12월의 테이퍼링에 따라 2014년 1월부터 100억 달러가 줄어들지만 여전히 매월 750억 달러가 풀려나가고 있다. 매월 스리랑카 또는 리비아의 GDP와 맞먹는 달러가 쏟아져 나오고 있는 것이다. 미국 경제와 고용의 회복세를 해치지 않으면서도 이 많은 돈을 어떻게 적절히 줄여나갈 것인가?

옐런 신임의장의 성향과 향후 행보는 2013년 11월 상원 인준청문회에서 읽을 수 있다. 당시 상원의원들은 옐런 지명자에게 양적완화에 대한 견해와 향후 일정에 대해 집중적으로 물었다. 이에 대한 옐런의 대답은 4가지로 요약할 수 있다. 먼저 양적완화 정책이 주식과 부동산 등의 자산 거품을 초래하고 있다는 주장을 일축했다. 주가가 꽤 가파르게 오른 것은 사실이지만 아직 주가가 거품이라고 볼 만한 영역에 있지 않을 뿐 아니라, 라스베이거스와 피닉스 등 일부 지역의 주택가격 급등은 급락 후 상승하는 것으로 시장의 합리적 반응이라고 밝혔다.

두 번째로 양적완화에 대해서는 아직 혜택이 비용보다 더 크다고 평가했다. 실업률 등의 지표를 보면 미국 경제가 여전히 양적완화라

미국의 양적완화 추이		
	시 기	내 용
1차 양적완화	2009년 3월~2010년 3월	**주택저당채권(MBS)** 1조 7,500억 달러 매입
2차 양적완화	2010년 11월~2011년 6월	**미국 국채** 6,000억 달러 매입
3차 양적완화	2012년 9월~2013년 12월	매월 850억 달러 채권 매입 (국채 450억 달러, MBS 400억 달러)
	2014년 1월부터 양적완화 규모 축소 시작	**2014년 2월 현재** 매월 650억 달러 채권 매입 (국채 350억 달러, MBS 300억 달러)

자료: FRB

는 인공호흡기를 필요로 하고 있다는 것이었다.

세 번째는 그렇다고 해서 양적완화를 영원히 지속할 수는 없다는 점도 분명히 했다. 양적완화는 응급수단으로 미국 경제가 자생력을 회복하는 속도에 맞춰 테이퍼링을 실시하겠다는 것이었다. 2013년 12월 테이퍼링에 돌입한 것도 이 같은 처방의 하나로 볼 수 있다.

네 번째는 글로벌 금융시장의 변동성에도 큰 관심을 표명했다는 점이다. 버냉키 의장이 2013년 5월 테이퍼링의 가능성을 처음으로 시사한 후 신흥시장국의 주가 급락 등 변동성이 커진 것에 대해 이렇다 할 반응을 보이지 않은 것과는 다른 입장을 보인 것이다. 지금까지는 남의 나라까지 챙길 여력이 없었던 미국 경제가 일면 여유를 찾고 있는 모습이라고 볼 수도 있는 부분이다.

결론적으로 옐런 신임의장이 이끄는 FRB는 너무 느리지 않느냐는 비판을 받을 정도로 매우 신중하게 단계적으로 테이퍼링을 실시해나갈 것이다. 특히 버냉키 의장이 언급한 대로 경제 상황이 악화될 경우 양적완화 규모를 다시 늘리는 조치도 불사할 것이다. 최근에 발표된 의사록 등에 비춰보면 FRB는 미국 경제와 고용의 회복세를 보면서 2014년 말, 늦어도 2015년 초에는 테이퍼링을 끝내고 금리 인상 시기를 저울질하기 시작할 것이다. 그러나 2014년 말 실업률이 6.5%를 하회한다고 하더라도 섣불리 금리 인상에 나서지는 않을 것이라는 게 대다수 전문가들의 예상이다.

테이퍼링과 포워드 가이던스Forward Guidance

버냉키 의장은 2013년 12월 테이퍼링을 시작하면서 테이퍼링은 말 그대로 그간에 응급조치로 시행해온 양적완화의 규모를 줄이는 것으로 금리 인상 등 통화부양기조를 정상화하는 출구전략으로 받아들여져서는 안 된다고 밝혔다. 그러면서 "실업률이 6.5%를 웃돌고 향후 1~2년간 기대 인플레이션이 2.5%를 넘어서지 않는 한 기준금리를 현 수준에서 동결하겠다"는 기존의 포워드 가이던스를 그대로 유지하는 점을 강조했다.

포워드 가이던스Forward Guidance는 미국과 영국 등의 중앙은행들이 최근에 새로 도입한 통화정책수단이다. '선제적 안내' 또는 '선제적 지침'으로 해석할 수 있는 것처럼 정책 방향을 선제적으로 외부에 알리는 조치를 의미한다. 중앙은행들이 2008년 글로벌 금융위기를 극복하기 위해 제로 수준까지 금리를 내린 이후 언제쯤 금리를 인상하는 등 긴축으로 정책 방향을 바꿀 것인가에 대한 시장의 우려를 완화시키는 것이 주된 목적이다. FRB는 2012년 12월 회의에서 실업률 6.5%, 기대인플레이션 2.5%가 금리 인상에 나설 수 있는 조건이라면서 처음으로 포워드 가이던스를 사용하기 시작했다. 2014년 후반 또는 2015년 중반까지 제로 수준의 금리를 유지하겠다던 그 전까지의 시기 표현을 삭제하는 대신 향후 금리 인상의 조건을 명확히 밝힌 것이다.

당초 2013년 3월로 예상됐던 테이퍼링이 2012년 12월 전격적으로 발표된 이후에도 미국의 주가가 연일 사상 최고치를 경신한 배경을 이 같은 버냉키 의장의 분명한 설명에서 찾을 수 있다. 물론 2013년 5월에 이미 테이퍼링 진입 가능성을 시사했을 뿐 아니라 양적완화 축소 규모가 100억 달러로 크지 않았다는 점도 무시할 수 없을 것이다. 하지만 제로금리 하의 중앙은행이 긴축에 대한 우려를 최소화함으로써 경기부양효과를 이어가는 동시에 향후 정책 방향을 보다 명확하게 전달함으로써 주가 등 금융시장의 변동성을 크게 줄이려는 포워드 가이던스의 본래 목적을 버냉키 의장이 충실하게 활용한 케이스라고 할 수 있다.

새로운 금융시대

로버트 쉴러 지음 | 노지양 · 조윤정 옮김 | 알에이치코리아

"월가를 점령하라!Occupy the Wall Street!"

2008년 9월 리먼브라더스의 파산으로 시작된 미국의 서브프라임모기지 발 글로벌 금융위기는 일부 상품과 금융회사들의 잘못된 행태가 한 나라 경제와 금융시장을 쑥대밭으로 만드는 것은 물론 전 세계로 확산될 수 있음을 잘 보여주었다. 더욱이 은행의 내 집 마련 꼬임에 넘어가 모기지대출을 받았다가 집을 빼앗기고 길거리에 나앉는 경우가 부지기수로 늘어났다. 급기야 2011년 억울하고 분통이 터지는 사람들이 서민들을 등치고 탐욕에 넘치는 월가에 모여서 내건 구호가 바로 '월가를 점령하라'였다. 곧 이어 이 움직임은 전 세계 80여 개국, 1,500여 개 도시로 확산되었다.

과연 금융은 약탈자이자 악마의 산업인가? 만약 그렇다면 30년 넘게 금융으로 밥을 벌어먹고 있는 필자에게는 그야말로 끔찍하면서도 허망한 일이다. 다행히 2013년 노벨 경제학상 수상자인 로버트 쉴러 예일대 교수가 구세주로 나섰다. 스웨덴 왕립아카데미는 쉴러 교수를 포함한 3명의 2013년 노벨 경제학상 수상자들이 "주식이나 채권시장에서 당장 며칠 뒤의 가격은 맞출 수 없지만 3~5년 정도의 먼 미래를 예측할 수 있도록 길을 터줬

다"는 수상 이유를 밝혔다. 쉴러 교수는 실제로 3~5년이 아니라 몇 달 후를 맞추는 놀라운 통찰력을 보여주었다. 2000년 3월에 내놓은 〈이상과열 Irrational Exuberance〉이라는 책에서 닷컴 버블의 붕괴 가능성을 경고하자마자 주식시장이 폭락하기 시작했다. 2006년에는 부동산 거품을 경고한 직후 미국 부동산 시장이 폭락세로 돌아서면서 족집게 예언자이자 월가의 대표적인 비관론자로 자리 잡았다.

그런 그가 이번에는 금융을 두둔하고 나선 것이다. 뭔가를 두둔하기 위해서는 먼저 일정 부분 잘못을 인정하거나 자아비판하는 것이 효과적이라는 점도 잊지 않고 있다. 예를 들면, 서브프라임모기지 사태는 집값이 계속 상승할 것이라는 잘못된 예측과 과도하게 낙관적이었던 신용평가 때문이었다는 것이다. 하지만 모기지는 장기대출을 통해 내 집 마련을 앞당길 수 있도록 해준 제도이다. 뿐만 아니라 모기지를 증권으로 쪼개서 파는 유동화流動化는 대출금의 조기회수를 통해 더 많은 주택구입자에게 대출을 가능케 만들어 주었다.

이외에도 금융의 순기능은 얼마든지 찾을 수 있다. 주식시장과 주식회사 제도는 일반투자자들로부터 모은 자본을 통해 대규모 사업을 벌일 수 있는 기회와 위험을 분산시키는 길을 터주었다. 보험과 연금, 적금 등은 개인들의 예상치 못한 손실이나 어려움을 대비하거나 개선하는데 일정 부분 기여하고 있다.

그렇다면 이 책의 원제인 '금융과 좋은 사회Finance and the Good Society'가 의미하는 것처럼 금융이 일반 국민들의 차가운 시선을 희석시키는 동시에 따뜻하면서도 친근하게 다가가기 위해 무엇을 해야 할 것인가? 쉴러 교수는 먼저 금융이 기술의 발전만 추구할 것이 아니라 사람들에게 보다 익숙하고 친숙한 개념으로 재구성하고 마케팅함으로써 좋은 이미지를 구축해야 한다고 주문한다. 예를 들면, 기피대상으로 여겨지던 '주택대출'은 '모기지'로 바꿔 부른 이후 주택의 일부분으로 인식되면서 크게 성장하는데 성공했다. 1920년대 대공황을 거치면서 부정적 이미지가 컸던 '투자펀드 Investment Fund' 역시 '뮤추얼펀드Mutual Fund'로 이름을 바꾸면서 보다 민주적이면서도 부드러운 이미지를 형성할 수 있었다.

다른 하나는 금융이 위험관리자 또는 일부 부자들을 위한 대리인 역할을 벗어나 보다 많은 사회구성원을 위한 '사회적 문제를 해결하는 역할'을 해야 한다는 것이다. 금융이 일자리 창출, 서민주택, 노인 빈곤, 대학등록금 등과 같은 고질적 사회문제 해결을 위한 중개기능을 수행해야 한다는 것이다. 그래야 보다 많은 사람들이 금융에 적극적으로 참여하면서 영향력을 행사하고 그에 따라 '좋은 사회'를 만들 수 있다는 것이다. 쉴러 교수는 금융은 인간이 만든 발명품으로 미완성이어서 아직은 부족하다면서 좋은 사회를 만들어 가는 금융의 미래 또한 우리 자신에게 달려 있다고 주장한다. 우리가 만들어 가는 금융의 미래, 즉 '새로운 금융시대'가 궁금한 사람들이 이 책을 읽어야 하는 이유이다.

05 ...

중국의 리커노믹스,
경착륙인가 연착륙인가?

2013년 7월 우리나라 국적기가 샌프란시스코 공항에 착륙하면서 사상자가 발생하는 큰 사고가 발생했다. 활주로를 따라 부드럽게 착륙軟着陸 · soft-landing하지 못하고 바퀴가 방파제에 걸리면서 기체가 크게 튀어 오르는 등 경착륙硬着陸 · hard-landing했기 때문이었다.

경제 또한 비행기처럼 오르내리기 마련이다. 이 때 정부의 역할은 경제가 오르내릴 때 사고가 발생하지 않도록 노련한 조종사가 되어 최선의 주의와 노력을 기울이는 것이다. 때로는 경제가 너무 과열되지 않도록, 때로는 경제가 지나친 침체에 빠지지 않도록 해야 하는 것이다. 이를 위해 국내외 환경은 물론 다양한 경제지표들을 보면서 필요할 경우 방향을 바꾸는 것은 물론 미리미리 브레이크를 걸거나 엑셀러레이터를 밟아주기도 하는 것이다.

국제통화기금IMF은 2013년 7월 세계 경제 전망치를 하향수정하면서 4가지 위험요인을 들었다. 유럽의 더딘 경기회복이 세계 경제에

'압도적인 위험요인'으로 작용하는 가운데 '중국 경제의 둔화, 일본의 아베노믹스, 미국의 양적완화 축소'라는 3가지 새로운 위험요인이 등장했다고 지적했다.

중국 경제에 대해 IMF는 소비 부진에다 투자 위축이 겹칠 경우 2013년 7.8%, 2014년 7.7%로 하향 조정한 성장률이 더 떨어질 수 있을 것으로 내다봤다. 2013년 4월의 2013년 8.1%, 2014년 8.3% 성장할 것이라는 전망에서 불과 3개월 만에 상당 폭 내려잡은데 더해 더 낮아질 수도 있다는 것이다. 이어서 7월 17일에 내놓은 중국 경제에 대한 연례보고서에서는 경고의 강도가 더 강해지고 있다. IMF는 중국이 즉각적인 개혁에 나서지 않을 경우 성장률이 2018년 이후 4%대로 가파르게 떨어질 수도 있다고 주장했다. 성장률이 낮아질 때마다 돈을 풀어서 경기를 부양하는 성장 방식이 앞으로 더 이상 지속가능하지 않다는 것이었다. 특히 국내총생산GDP 대비 195% 수준까지 치솟은 공공 및 민간 부채 규모를 감당하기 어려울 것이라고 지적했다. 이에 더해 일부 민간예측기관 또는 전문가들은 2013년 2분기 성장률 7.5%조차 믿을 수 없다는 의혹까지 제기하는가 하면 중국의 성장률이 2014년 6%대에 이어 3~4%대로 떨어지는 것은 시간문제라는 주장도 내놓고 있다.

최근 중국의 경제정책 기조를 잘 표현하고 있는 단어는 '리커노믹스Likonomics'이다. 바클레이즈캐피탈이 2013년 6월 말 리커창李克强 총리의 이름을 따서 지어낸 신조어新造語이다. 리커노믹스의 기본방향은 중국 경제의 지속가능한 성장으로의 전환을 위해 단기적인 성장둔화도 용인하겠다는 것이다. 장기적 이익을 위해서라면 단기적 고통을 감내하겠다는 뜻이다. 주된 내용은 세 가지 축으로 '경기부양책을 동원하지 않으면서 부채 축소(디레버리징)를 실시하는 동시에 구조개혁을 단행하겠다'는 것이다. 구조개혁을 하겠다는 점은 일본의 아베노믹스와 같지만 경기부양을 위해 돈을 풀지 않는 것은 물론 부채를 줄이겠다고 나서는 점은 아베노믹스와 정반대라고 할 수 있다.

사실 어느 정부나 돈을 풀어 경기를 부양하는 것이 가장 손쉬운 일이다. 그런데도 굳이 어려운 길을 택한 이유가 무엇일까? 그만큼 중국 경제 내부적으로 상당한 문제들을 내포하고 있다는 점을 인식했기 때문일 것이다. 특히 장기간의 고성장이 가져온 부작용 또는 거품들을 걷어내고 갈 때가 되었을 뿐 아니라 그 같은 개혁은 새 정부 초기에만 과감하게 밀어붙일 수 있기 때문이 아닐까?

이 같은 중국의 경제정책 방향 수정에 전 세계가 주목하고 있는 것은 중국 경제의 위상이 높아지기도 했지만 자칫 경착륙하는 것은 아닌가 하는 우려 때문이다. 중국의 성장률이 2012년 3분기(전년 동기 대비 7.9%)를 고점으로 4분기 7.7%에 이어 2013년 1분기에는 7.5%로 계속 낮아지고 있다. 2분기 이후에는 더 낮아질 것이라는 전망이 우세하다. 특히 대표적 내수 지표인 소비와 투자, 산업생산이 모두 2012년에 비해 부진한 흐름을 이어가고 있다. 더욱이 그나마 버텨주던 수출도 2013년 6월 전년 동월 대비 −3.1%를 기록, 2012년 1월 이후 17개월 만에 처음으로 마이너스를 기록했다.

이런 외중에 2013년 6월 중순 중국 금융시장에서 은행 간 자금부

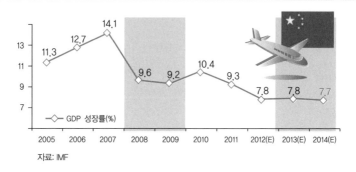

연착륙을 노리는 중국 경제

14.1

13
12.7
11.3
11
9.6   9.2
10.4
9   9.3
7.8   7.8   7.7
7
◇— GDP 성장률(%)

2005   2006   2007   2008   2009   2010   2011   2012(E) 2013(E) 2014(E)

자료: IMF

족 사태가 발생했다. 통상 3~4%대에서 움직이던 은행 간 하루짜리 초단기금리가 사상 최고 수준인 13%대까지 치솟기도 했다. 금리가 급등하고 주가가 급락세를 보이는 가운데서도 팔짱만 끼고 있던 중국인민은행(한국은행과 같은 중앙은행)은 며칠 후에야 필요할 경우 자금을 추가로 공급할 수 있다고 나서면서 수습 국면에 들어갔다. 은행들은 유동성을 잘못 관리할 경우 파산으로 이어질 수 있다는 것을 피부로 느끼면서 놀란 가슴을 쓸어내렸을 것이다. 전문가들은 성장률 둔화 등 경제에 주름살이 가는 한이 있어도 은행들의 과도한 대출과 그로 인한 부동산 거품 및 그림자 금융 부실 등을 더 이상 좌시하지 않겠다는 중국 정부와 중앙은행의 의지를 분명히 보였다는 평가를 내놓았다.

'그림자 금융shadow banking'은 투자은행, 카드사, 할부금융사와 같은 비은행들과 이들 비은행들이 만들어 파는 머니마켓펀드MMF · 신용파생상품 · 자산유동화증권ABS처럼 구조가 복잡한 금융상품을 말

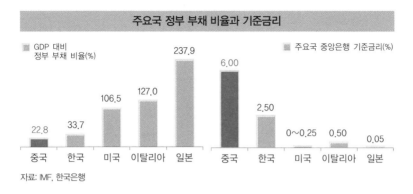

주요국 정부 부채 비율과 기준금리

■ GDP 대비 정부 부채 비율(%)   ■ 주요국 중앙은행 기준금리(%)

자료: IMF, 한국은행

한다. 통상 중앙은행 등 금융 당국의 규제와 감독을 받지 않거나 느슨하기 때문에 공격적 영업을 하다가 외부환경이 급격히 나빠질 경우 위기의 단초를 제공하는 경우를 목격할 수 있다. 대표적인 케이스가 2008년 미국에서 발생한 서브프라임모기지발 금융위기라고 할 수 있다. 미국 등 선진국에 비해 금융업이 초보단계라고 할 수 있는 중국의 경우 이 같은 그림자 금융이 대규모 부실에 빠질 경우 후폭풍이 더 클 수밖에 없을 것이다. 이를 사전에 차단하고자 중국 정부와 인민은행이 금융시장의 판을 바꾸려고 노력하고 있는 것이다.

이 과정에서 중국 경제가 정상궤도를 벗어나 경착륙할 가능성을 배제할 수 없을 것이다. 하지만 이 또한 좌시하지는 않겠다는 것이 중국 정부의 확고한 입장이다. 리커창 총리는 2013년 7월 경제전문가들과 만난 자리에서 "7%는 성장률 마지노선이며, 정부는 성장률이 그 아래로 내려가는 것을 용납하지 않을 것"이라고 밝혔다. 어렵더라도 '바오치保七', 즉 7% 성장은 지켜내겠다는 것이다.

리커노믹스는 성능이 의문시되는 3개의 화살(재정지출, 양적완화, 구조개혁)에 의존하고 있는 일본의 아베노믹스와는 달리 화살의 성능이 우수할 뿐 아니라 화살의 수도 충분하다. 중국은 정부재정이 균형을 유지하고 있을 뿐 아니라 정부 부채 규모는 국내총생산GDP의 23%로 세계적으로도 낮은 수준이다. 또한 중국인민은행의 기준금리는 6%여서 인하 여력이 충분해 얼마든지 돈을 풀면서 보다 분명한 경기부양 메시지를 보낼 수 있다. 세계 최고 수준의 재정적자와 정부 부채를 가지고 있는 일본의 아베노믹스가 그나마 2개의 화살도 중앙은행의 발권에 의존하고 있는 것과는 차원이 다른 것이다. 이에 더해 3조 4,000억 달러를 넘고 있는 외환보유액은 외환위기의 가능성은 물론 해외로부터의 충격을 크게 완화함으로써 중국 정부가 필요할 경우 언제든지 마음 놓고 내수경기 부양에 나설 수 있는 방파제 역할을 충분히 해줄 것이다.

리커창 총리와 그를 보좌하는 경제정책담당자들은 시진핑習近平 정권이 들어서기 전부터 중국 경제를 다뤄온 다양한 경험과 지식으로 무장한 그룹이다. 이들의 사회주의 경제에 대한 막강한 통제력과 장악력을 무시해서는 안 될 것이다. 세계 2위의 중국 경제라는 점보제트기의 연착륙을 예상하는 가장 큰 이유이기도 하다.

06 ...
아베노믹스, 아베의 미스테이크 되나?

　잘 나가는 것처럼 보이던 일본 경제와 금융시장에 급브레이크가 걸리고 있다. 국채금리 급등이라는 암초를 만나면서 주가가 급락세로 돌아서고 엔화 가치는 반등하고 있는 것이다. 사실 시중에 돈을 풀어 돈이 많아지면 그 돈의 가치가 떨어지는 것은 물론 돈의 값인 금리도 낮아지는 게 통상적인 흐름이다.

　그렇다면 도대체 왜 일본의 국채금리가 급등세로 돌아선 것일까? 크게 두 가지를 생각해볼 수 있다. 하나는 무제한으로 풀린 돈이 내리기만 하던 물가를 자극할 것이라는 기대감이고, 다른 하나는 이런 식으로 무지막지하게 돈을 풀다가는 재정위기를 맞을 수도 있다는 우려이다.

　우리가 통상 보고 듣는 금리를 명목금리라고 하는데 실질금리에다 물가상승분을 더한 개념이다. 이 때 물가상승분은 현재의 소비자물가상승률로 대신하기도 하지만 더 엄밀하게 말하면 미래에 예상되는

일본의 주가, 환율, 금리 변화 추이

― 엔/달러(좌)　― 니케이225(좌)　― 일본국채10년(우)　(단위: %)

자료: 일본 재무성, 일본은행

소비자물가상승률, 즉 기대인플레이션율이다. 실질금리를 자본을 투자해서 얻을 수 있는 이익률로 본다면 자본을 투자하는 기간 동안 예상되는 물가상승분만큼 더 얹어서 이자를 받아야 하기 때문이다. 무제한의 양적완화를 통해 풀린 돈이 내리던 물가를 돌려놓는데 성공할 것으로 본다면, 즉 기대인플레이션율이 올라간다면 금리 또한 올라갈 수밖에 없는 것이다.

일본 정부 부채의 명목국내총생산GDP 대비 비중은 238%로 세계 최고 수준이다. 미국의 107%는 물론 그리스(159%)와 이탈리아(127%) 등 유럽의 재정위기국보다도 훨씬 더 높다. 일본 정부 예산 중 무려 24% 정도를 이자 등 정부 부채 상환에 필요한 경비가 차지하고 있다. 이마저도 0%대의 초저금리를 유지하면서 이자부담을 견뎌왔지만 만약 국채금리가 급등할 경우 이자부담 급증으로 재정파탄을 맞을 수도 있다는 우려가 제기되고 있는 것이다. 일본의 재정이 파탄으로 치달을 경우 국채가격은 더 떨어질 것이고, 그에 따라 국채금리는 더 급등하면서 시중금리까지 끌어올릴 것이다.

이 경우 개인들의 소비와 기업들의 투자도 직격탄을 맞게 될 것이다. 20년 이상 0%대의 초저금리에 익숙한 환경에서 갑자기 금리가 1~2%대로 급등한다면 소비와 투자는 더 위축될 수밖에 없기 때문이다. 여기다 일본 정부가 발행한 국채를 엄청나게 보유하고 있는 일본의 은행들은 더 큰 문제에 직면하게 될 것이다. 국채금리의 급등, 즉 국채가격의 급락으로 손실이 커지면서 자산 및 자본가치가 급감, 대출을 줄일 수밖에 없는 상황이 발생하는 것이다.

아베노믹스의 성공 여부는 돈을 풀어 엔화 가치를 떨어뜨리는 동시에 낮은 금리를 유지하는데 달려 있다. 이를 통해 대외적으로는 수출을 증가시키는 한편, 대내적으로는 소비와 투자를 증가시킴으로써 소득과 고용을 늘리고, 그에 따라 소비와 투자가 다시 늘어나는 선순환구조를 노리는 것이다. 또한 이 과정에서 어느 정도 물가가 올라주기를 기대하는 것이다.

하지만 반대의 시나리오는 이 같은 선순환구조로 진입하기도 전에 국채금리가 급등하면서 소비와 투자가 부진을 벗어나지 못하는 것은 물론, 은행 부실이 급증하는 것이다. 반면 엔화 가치의 하락은 수입물가의 급증을 통해 소비자물가만 부추김으로써 일본인들은 소득과 고용은 늘어나지 않는 가운데 물가와 금리만 올라가는 최악의 경우를 맞게 되는 것이다. 다시 말해 지금까지의 일본 경제가 경기불황

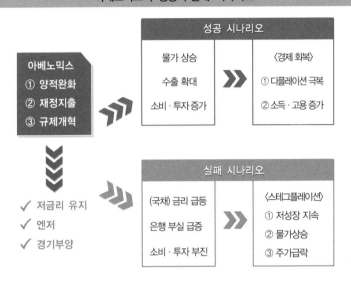

아베노믹스의 '성공과 실패' 시나리오

	성공 시나리오	
아베노믹스 ① 양적완화 ② 재정지출 ③ 규제개혁	물가 상승 수출 확대 소비·투자 증가	〈경제 회복〉 ① 디플레이션 극복 ② 소득·고용 증가

	실패 시나리오	
✓ 저금리 유지 ✓ 엔저 ✓ 경기부양	(국채) 금리 급등 은행 부실 급증 소비·투자 부진	〈스태그플레이션〉 ① 저성장 지속 ② 물가상승 ③ 주가급락

속에서 물가가 내리는 디플레이션이었다면, 아베노믹스가 실패한 다음에는 경기불황 속에서 물가가 오르는 스태그플레이션으로 진입하는 것이다. 아베노믹스가 아베의 실수를 의미하는 '아베노믹스테이크'를 넘어 아베의 실패를 의미하는 '아베노싯빠이安部の失敗'로 끝나게 되는 것이다. 이 경우 경기가 나빠도 그나마 물가가 떨어져서 살만했다면 이번에는 물가까지 오르는 경우를 맞이한 일본인들이 아베 총리에게 등을 돌리게 될 것이다. 물론 아베노믹스가 과연 어떤 결과를 가져올 것인가는 좀 더 기다려봐야겠지만 최악의 시나리오도 염두에 두어야 할 것 같다.

07 ...

엔저가 우리 경제에 미치는 영향과 대응

 2012년 10월 중순, 딸을 일본의 대학으로 유학 보낸 친구로부터 전화가 왔다. 원·엔 환율이 100엔당 1,400원대에서 1,300원대로 떨어지고 있는 때였다. 질문의 요지는 "원·엔 환율이 더 떨어지겠느냐? 아니면 다시 1,400원대로 올라가겠느냐?"는 것이었다. 적잖은 돈을 보내야 하는 부모의 입장에서는 한 푼이라도 아끼고 싶은 마음으로 물어온 것이었다. "가능한 한 천천히 돈을 보내라"는 게 필자의 대답이었다.

 2013년을 시작하면서 연초 효과에 힘입어 2040선을 넘어섰던 코스피지수가 1월 하순 들어서는 장중 한 때 1940이 무너지는 등 한 바탕 홍역을 치렀다. 원화 강세와 일본 엔화 약세가 동시에 진행되는 이중고二重苦가 우리 기업들의 수출에 직격탄을 가져올 것이라는 우려 때문이었다. 원·달러 환율은 달러당 1,050원대, 원·엔 환율은 100엔 당 1,170원대까지 급락하기도 했다. 1년 전과 비교하면 원·

달러 환율은 100원 가까이 떨어졌고, 원·엔 환율은 300원 이상 떨어진 것이었다.

수출이나 수입에 종사하는 기업들의 입장에서는 수출 또는 수입하는 상품의 매출과 가격에 크게 영향을 미치는 환율에 민감할 수밖에 없다. 수출 기업의 경우 환율이 떨어지게 되면 말 그대로 이중고를 겪게 된다. 하나는 가만히 앉아서 원화로 환산한 매출액이 감소하는 것이고, 다른 하나는 글로벌 시장에서 가격경쟁력이 떨어지면서 매출량까지 줄어드는 것이다. 환율이 급격하게 떨어질 경우 이익이 크게 줄어들거나 심지어 손실을 보게 되는 기업도 발생하게 될 것이다. 반대로 수입이 많은 기업이라면 환율 하락으로 득을 보게 될 것이다. 수입가격이 싸지는 데다 원화표시 수입액도 줄어들기 때문이다. 만약 환율이 지속적으로 떨어지게 된다면 수출 증가세가 둔화되거나 급기야 감소하게 되는 반면 수입은 늘어나면서 기업은 물론 한 나라 경제의 지형을 크게 바꿔놓을 것이다.

일반 국민들도 알게 모르게 환율의 영향을 직간접적으로 받으며 살고 있다. 예를 들어, 환율이 올라가면 국제 원유가격에 변화가 없어도 국내 휘발유 가격이 비싸지게 되는 등 수입 원자재 및 소비재의 가격이 올라가면서 수입 물가 발 국내 물가상승 압력을 받게 될 것이다. 반대로 환율이 내려가게 되면 국내 휘발유 가격이 내려가는 등 국내 물가상승 압력이 줄어들거나 오히려 물가하락 압력을 받게 되면서 물가 안정에 크게 기여하게 될 것이다.

또한 개인의 입장에서도 앞서 언급한 것처럼 자녀를 해외에 유학을 보내놓았거나 해외여행을 계획하고 있는 경우 환율이 적잖은 영향을 미친다. 미국에 유학을 보낸 경우 연간 학비만 5~6만 달러(유명 사립대학 기준)에 달한다. 환율 1원에 따라 5~6만원이 차이가 나니까 환율이 100원 떨어지면 무려 500~600만원이나 적게 들어간다. 웬만한 직장인의 한 달 월급 이상을 절약할 수 있는 것이다. 또한 최근 들어 우리나라로 여행 오는 일본인 관광객이 급감하고 있는 반면 우리나라 사람들의 일본 여행이 늘어나는 것도 원·엔 환율 급락이 가져온 세태이다. 100엔을 바꾸면 1,500원을 받다가 지금은 1,200원도 못 받으니까 일본인들이 발걸음을 다른 곳으로 돌리고 있는 것이다. 반대로 원·엔 환율이 100엔당 700원대까지 떨어졌을 때인 2007년에는 우리나라 사람들이 도쿄와 오사카 등으로 대거 쇼핑 여행을 간 기억이 날 것이다.

이처럼 환율은 우리 경제의 엔진 역할을 하고 있는 수출과 수입은 물론 일반 국민들의 생활에도 직간접적으로 영향을 미치고 있다. 이에 따라 환율이 안정적으로 움직일 때는 있는 둥 없는 둥 신경을 거의 안 쓰고 살다가도 환율이 급등락하면 갑자기 온 나라가 들썩이게 되는 것이다.

그렇다면 가장 큰 문제는 과연 원화 강세와 엔화 약세가 어디까지 갈 것인가일 것이다. 또한 부수적으로는 다음과 같은 질문을 던질 수 있다. 원화 강세와 엔화 약세로 우리 수출과 수입에는 어떤 영향을 미칠 것인가? 원화 강세와 엔화 약세가 이어진다면 우리 정부와 한국은행이 외환시장 개입에 나설 것인가? 만약 나선다면 어느 정도 속도를 조절할 수 있는가?

먼저 원화 환율과 엔화 환율을 예측해보자. 사실 전문가들 사이에서는 곧잘 "환율은 하느님만 아신다"라는 말을 한다. 그만큼 경제지표 예측 중에서도 환율 예측이 가장 어렵다는 것을 의미한다. 어떤 상품이나 금융자산의 가격이 한 쪽으로 급격하게 쏠리는 현상을 뜻하는 '오버슈팅over-shooting'이라는 용어도 환율의 움직임에서 나온 것이다. 이번처럼 일본 엔화의 무기한 방출과 같은 어떤 충격요인이 발생했을 때 충격의 크기에 비해 환율이 훨씬 더 크게 과잉 반응하는 것이다. 미래 환율에 대한 투자자들의 기대가 엔화 약세를 초기단계에서 과도하게 이끌어가기 때문이다. 그러다가 과도하다는 인식이 들기 시작하면 거꾸로 반응하기 시작하는데 이때도 어떤 균형수준의 환율보다는 과도하게 강세로 가고 이런 식의 오르내림을 거쳐서야 균형수준의 환율로 안착하게 된다는 것이다.

2012년 중반만 해도 달러당 1,150원을 넘었던 원·달러 환율이 2013년 들어 1월 중순에는 1,050원대까지 하락했다. 불과 6개월밖에 안 되는 짧은 기간 동안 환율이 거의 10% 가까이 급락한 것이다. 이후 정부의 구두 개입 등으로 안정되기 시작하면서 달러당 1,080~1,090원대를 회복하기도 했다. 전문가들은 그러나 단기적으로 1,100원대로 올라설 수는 있지만 중장기적으로 보면 원·달러 환율이 하락 추세를 이어갈 것으로 전망하고 있다. 대외적으로는 미국의 중앙은행인 연방준비제도이사회FRB의 양적완화가 지속되고 유럽의 재정위기 우려 또한 계속 줄어들고 있다. 또한 국내적으로는 서울 외환시장에 유입되는 달러의 대표적인 공급원인 경상수지 흑자와 외국인 투자자금이 앞으로도 계속 이어질 것이기 때문이다.

경상수지는 2012년 432억 달러에 이어 2013년에는 707억 달러로 2년 연속 사상최대 규모 흑자를 이어가고 있다. 2014년에도 400억 달러 정도의 경상수지 흑자를 기대하고 있다. 물론 환율이 계속 떨어지면서 흑자 규모가 상당 폭 줄어들 수도 있지만 400억 달러 이상을 유지하면서 외환시장에 달러 공급원 역할을 할 것이다. 2012년 말 이후 엔화가 약세로 급하게 돌아서면서 일본의 니케이지수가 급등하면서 외국인들이 투자자금을 서울 주식시장에서 도쿄 주식시장으로 옮겨가기도 했다. 만약 원화 강세와 엔화 약세가 이어진다면 이 같은 추세가 이어질 것으로 볼 수 있다. 그러나 원화 강세와 엔화 약세가 안정세를 찾아가면 도쿄 주식시장으로 빠져나갔던 외국인 투자자금이 다시 돌아올 것으로 예상된다. 다른 한편으로 유럽 재정위기가

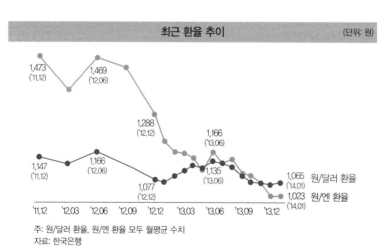

최근 환율 추이 (단위: 원)

1,473 ('11.12)
1,469 ('12.06)
1,288 ('12.12)
1,166 ('13.06)
1,147 ('11.12)
1,166 ('12.06)
1,077 ('12.12)
1,135 ('13.06)
1,065 ('14.01) 원/달러 환율
1,023 ('14.01) 원/엔 환율

'11.12 '12.03 '12.06 '12.09 '12.12 '13.03 '13.06 '13.09 '13.12

주: 원/달러 환율, 원/엔 환율 모두 월평균 수치
자료: 한국은행

재발하거나 북한의 도발과 같은 사태가 발생한다면 원·달러 환율이 단기적으로 급등할 수도 있지만 이 같은 가능성은 낮은 것으로 봐야 할 것이다.

결론적으로 원·달러 환율은 당분간 달러당 1,050~1,100원대에서 움직이다가 갈수록 1,000원 쪽으로 서서히 수준을 낮춰갈 것이다. 그러다가 달러당 1,050원이 깨지면 정부와 한국은행이 구두개입을 넘어 보다 강경한 외환시장 안정대책을 내놓을 것이다. 2011년 7월에도 원·달러 환율이 달러당 1,050원까지 떨어지자 정부가 강력하게 개입한 적이 있다. 서로 밀고 당기는 가운데 달러당 1,020~1,030원 또는 그 아래에서 안정을 찾아갈 것으로 예상된다.

엔·달러 환율의 예측은 더 어렵다. 아베 총리가 워낙 막무가내인 데다 일본은행까지 덩달아 춤을 추고 있기 때문이다. 아베 총리를 이해하지 못하는 것은 아니다. 이전에도 2006년 9월부터 2007년 9월까지 1년 남짓 총리를 역임한 아베 총리는 당시의 환율, 즉 달러당 120엔 안팎을 생생하게 기억하고 있을 것이다. 그런데 이번에 다시 총리로 취임하려고 보니까 환율이 달러당 80엔에서 왔다 갔다 하고 있는 것이다. 더 큰 문제는 일본 경제가 디플레이션의 늪에서 빠져나오지 못하면서 '잃어버린 30년'을 맞게 될 것이라는 비관적 목소리가 높아지고 있는 것이다. 마음 같아서는 환율을 달러당 100엔, 110엔까지 올려서 일본의 내로라하는 글로벌 수출기업을 살리고 그를 통해 일본 경제도 한 번 일으켜 세우고 싶을 것이다. 그러나 힘과 체력에 부치는 과도한 의욕은 부작용만 초래하는 것이 아닐까?

2012년 12월 아베 총리가 취임할 때만 해도 엔화가 약세로 갈 것으로 내다보고 이미 환율이 조금씩 오르고 있었다. 하지만 이런 정도로 빠르게 달러당 90엔을 넘어설 것으로 예상한 전문가는 거의 없었을 것이다. 하지만 두 달 사이에 환율이 달러당 80엔에서 90엔을 넘어섰으니까 10% 이상 급등한 것이다. 덕분에 주가는 급등세를 보이고 있지만 과연 소비와 투자, 수출과 같은 실물경제가 살아나면서 물가가 오르고 성장률도 높아질까? 일본의 지난 20년 동안(1992~2011년) 연평균 실질성장률은 0.8%, 연평균 소비자물가상승률은 0.1%에 불과했다. 최근 10년(2002~2011년)으로 계산해 보면 실질성장률은 0.7%, 소비자물가상승률은 −0.2%로 더 악화되고 있다. 최근 10년 동안 연평균 −0.2%였던 소비자물가상승률이 목표를 1%에서 2%로 올렸다고 해서 달성 가능할까?

최악의 시나리오를 한번 생각해 보자. 풀린 돈(엔)이 소비와 투자로 가지 않고 보다 높은 수익을 찾아 해외로 나가는 이른바 엔 캐리 트레이드Yen carry trade만 부추길 수도 있다. 이 경우 재정적자만 더 늘어나면서 현재 국내총생산GDP 대비 240%인 정부 부채 비율이 수직 상승하게 될 것이다. 이에 따라 국가신용등급이 강등당하게 되면 국채금리가 급등하게 되면서 더 이상 국채 발행이 어려워지게 될 수도 있을 것이다. 이렇게 되면 2013년 실질성장률은 국제통화기금IMF 등이 예상하고 있는 1% 초반대도 어려울 것이다.

다른 한편으로 환율이 달러당 95엔, 100엔을 넘어선다면 기업들과 국민들의 아우성이 빗발칠 것이다. 2011년 대지진으로 인한 원전사고 이후 원유와 천연가스 등 에너지 수입이 늘어나고 있는 가운데 환율 상승은 기업들에게는 비용 상승, 가계에는 전기와 휘발유 가격 등 물가고를 겪게 할 것이다. 한마디로 성장은 지지부진한 가운데 물가만 오르면서 아베 총리가 이럴 수도 저럴 수도 없는 코너에 몰릴 수도 있는 것이다. 이 경우 아베 총리 내각이 조기에 물러날 가능성도 배제할 수 없을 것이다.

결론은 아베 총리가 디플레이션 극복을 위해 재정과 일본은행의 발권력을 최대한 동원하는 소위 아베노믹스가 현재와 같은 속도와 강도로 계속 가기는 어려우리라는 것이다. 앞서 언급한 일본 국내적 반대와 갈등의 목소리도 있지만 글로벌하게 보면 미국과 독일, 영국, 러시아 등 주요국들이 일본을 비판하는 목소리도 무시할 수 없을 것이다. 2013년 2월 중순 러시아 모스크바에서 열리는 주요 20개국G20 재무장관·중앙은행 총재회의에서도 일본 발 환율 전쟁이 주요 의제로 오를 것으로 예상되고 있다. 아베 총리가 그 전에 적절한 속도 조절이나 조치를 내놓지 않는다면 2013년 1월 중순 스위스에서 개최된 다보스포럼에서처럼 일본은 공공의 적이 될 것이다.

이에 따라 대다수 전문가들은 엔·달러 환율이 단기적으로 달러당 93~95엔까지 급등할 수는 있겠지만 중장기적으로는 90엔 안팎에서 움직일 것으로 내다보고 있다. 무엇보다 90엔 이상으로의 급등은 일본 국내적으로 보나 주요국의 입장으로 보나 바람직하지 않다는 여론이 비등해지면서 아베 총리도 못 이기는 척 손을 놓을 것으로 보이기 때문이다(하지만 예상과는 달리 이후 엔·달러 환율은 달러당 100엔을 넘어 104엔까지 치솟기도 했다).

그렇다면 원·엔 환율은 어떻게 움직이게 될까? 원·엔 환율은 서울 외환시장에서 결정되는 원·달러 환율과 도쿄 외환시장에서 결정되는 엔·달러 환율에 의해 자동적으로 계산되는 방식으로 산출하고 있다. 이는 곧 원·엔 환율이 원·달러 환율과 엔·달러 환율로부터 동시에 영향을 받고 있다는 뜻이다. 이에 따라 최근처럼 원·달러 환율이 내려가는 가운데 엔·달러 환율이 급등하게 되면 원·엔 환율은 가속도가 붙은 것처럼 급락하게 되는 것이다. 예를 들어, 원·달러 환율이 달러당 1,100원, 엔·달러 환율이 달러당 90엔이라면 원·엔 환율은 100엔당 1,222.2원(=1,100*100/90)이 된다. 그러나 만약 원·달러 환율이 달러당 1,050원으로 하락하고 엔·달러 환율이 달러당 95엔으로 올라간다면 원·엔 환율은 100엔당 1,105.3원(=1,050*100/95)이라는 계산이 나온다.

따라서 만약 2013년 원·달러 환율이 1,000~1,100원 사이에서 움직이고 엔·달러 환율이 85~95엔 사이에서 움직인다고 보면 원·엔 환율은 100엔당 1,050~1,300원대 사이에서 움직이게 될 것이다. 원·엔 환율이 100엔 당 최고 1,300원대에서 최저 1,050원까지 떨어질 수도 있다고 보는 것이다.

이렇게 원·달러 환율과 원·엔 환율이 떨어지는 가운데 엔·달러 환율은 올라가게 되면 우리 수출과 수입은 어떤 영향을 받을 것인가? 당연히 수출은 줄어들고 수입은 늘어나면서 무역수지, 나아가서는 경상수지 흑자 폭도 줄어들게 될 것이다. 특히 최근 들어 전자제

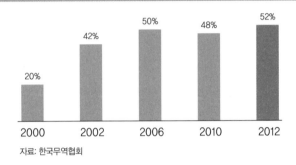

50대 수출 품목의 한·일간 중복 비중

2000: 20%
2002: 42%
2006: 50%
2010: 48%
2012: 52%

자료: 한국무역협회

품, 자동차, 조선, 철강 등 주요 수출상품 및 시장에서 일본과의 경합도가 갈수록 높아지고 있다는 점에서 보면 그 정도는 예상보다 커질 수 있다는 점을 경계해야 할 것이다. 월스트리트저널과 블룸버그통신 등이 한국과 일본이 환율전쟁의 최전방이라고 보도하고 있는 것도 양국의 경쟁관계가 갈수록 치열해지고 있기 때문이다. 한국무역협회 등에 따르면 한국과 일본의 주요 50대 수출 품목 중 서로 중복되는 품목의 비중이 2000년 20%에서 2012년에는 52%까지 급등했다. 또한 산업연구원KIET에 따르면 한국과 일본의 전체 산업의 수출 경합도 지수는 2000년 0.221에서 2010년 0.394로 크게 늘어나고 있다. 갈수록 원·엔 환율이 우리 수출에 미치는 영향이 커지고 있는 것이다. 이에 따라 최근과 같은 원고·엔저 상황이 상당 기간 진행된다면 2013년 우리 수출에 큰 차질을 빚으면서 3% 안팎으로 예상되는 당초 예상한 수준의 성장률 달성이 어려워질 수도 있다.

참고로 2013년 1월 22일 기획재정부가 내놓은 자료(최근 환율 하락에 따른 산업계 영향 및 대응방안)를 보면 이미 상당수 중소기업들이 수출을 하면 할수록 손해를 보는 환율대로 진입한 것으로 나타나고 있다. 자료에 따르면 수출기업의 손익분기점BEP 환율이 원·달러는 달러당 1,080원, 원·엔은 100엔당 1,316원이다. 특히 중소기업의 경우 원·달러 환율은 1,102원, 원·엔 환율은 1,343원이어서 중소기업들의 피해는 이미 시작되고 있다고 할 수 있다. 실제로 최근 대한상공회의소에 따르면 조사대상 수출 중소기업 300개 중 92.7%가 환율 하락으로 피해를 본 것으로 나타나고 있다. 이는 2012년 11월 조사 때의 53.1%에 비해 두어 달 사이에 40%포인트나 늘어난 것이다.

그렇다면 이 같은 원화 강세와 엔화 약세를 막기 위해 우리 정부와 한국은행이 외환시장 개입에 나설 것인가? 만약 나선다면 어느 정도 속도를 조절할 수 있는가? 먼저 엔·달러 환율은 우리나라로서는 외생변수로 봐야 한다. 우리나라가 어찌 해볼 도리가 없다는 말이다. 엔화 약세를 성토하는 다른 나라의 편을 들 수는 있겠지만 남의 나라, 즉 미국과 일본의 외환시장에 개입할 수는 없기 때문이다.

그렇다면 원·달러 환율이 결정되는 우리나라의 서울 외환시장에는 개입할 수 있는가? 개입할 수는 있지만 환율 조작국이라는 오명을 피하기 위해서는 기술적으로 개입해야 한다. 아울러 단기적으로는 환율의 급변동을 억제하기 위해 노력하고, 장기적으로는 달러의 급격한 유출입을 억제하는 동시에 달러가 해외로도 나갈 통로를 만들어줘야 할 것이다. 실제로 어느 나라나 환율이 급변동할 때는 '환율안정exchange rate smoothing'이라는 명목 하에 외환시장에 개입하고 있다. 외환시장 개입을 통해 환율이 오버슈팅하면서 과도하게 급변동하는 것을 막아주는 것이다. 또 한 가지 중요한 것은 환율을 올리라는 것이 아니라 급락하는 환율의 하락 속도를 조절해줌으로써 우리 경제와 기업에 적응해 나갈 여력을 키워야 한다는 점이다.

2013년 1월 중순 박재완 기획재정부 장관도 외환시장, 즉 환율 안정을 위해 모든 대비책을 준비하고 시기를 저울질하고 있다고 언급했다. 시장에서는 달러의 급격한 유입을 막기 위한 규제 조치로 선물환 포지션 규제, 외국인 채권 투자 과세, 외환건전성 부담금 부과 등을 예상하고 있다. 선물환 포지션 규제는 은행이 수출업체로부터 달러 선물환을 매입할 수 있는 한도를 줄이는 것이고, 외국인 채권 투자 과세는 2011년 1월부터 시행하고 있는 외국인 채권 투자에서 발생한 이자소득에 대해 부과하는 14%의 세금을 올리는 것이다. 또한 은행의 외화 차입금에 대해 부과하고 있는 외환건전성 부담금을 보험·증권·카드 등 제2금융권으로 확대하는 것이다.

이에 더해 토빈세를 부과해야 한다는 주장도 정부와 학계로부터 나오고 있다. 그간에는 브라질만 토빈세를 부과해 왔지만 2013년 1월 22일 독일과 프랑스 등 유로존 11개국이 토빈세를 도입키로 결정했다. 토빈세는 노벨 경제학상 수상자인 미국의 제임스 토빈Tobin이 1972년에 내놓은 개념이다. 환율 안정을 위해 국경을 넘는 자본 이동에 대해 모든 국가가 과세하자는 주장으로 세금을 매겨 외환 거래의 비용을 높이면 자본의 자유로운 유출입을 어느 정도 통제할 수 있다는 것이다. 독일과 프랑스 등이 토빈세를 도입키로 한 이번 기회에 우리나라도 적극적으로 도입을 검토하는 것이 바람직할 것이다. 이에 대해 일부 기업과 금융계에서는 토빈세 부과가 단기적으로 효과가 있기는 하겠지만 자금 유출입에 걸림돌이 될 경우 중장기적으로 글로벌 금융시장에서 고립될 수도 있다면서 반대의사를 표명하고 있다. 특히 기업 입장에서는 거래위축에다 자금조달비용 상승 등이 예상된다는 것이다. 그러나 일종의 수문 장치로서 토빈세를 한번 도입해 놓으면 과세율을 올리고 내리면서 환율 안정을 꾀할 수 있을 것이다.

마지막 하나로는 한국은행의 기준금리 인하를 생각할 수 있다. 금리 인하가 과연 환율 안정에 도움이 될 것인가에는 연구 결과와 시각에 따라 다르기는 하다. 하지만 환율 안정에 더해 경기부양을 위해서라도 한국은행이 금리를 인하해야 할 것이다. 소비자물가상승률이 1%대로 안정세를 유지하고 있는 가운데 2012년 하반기에 이어 2013년 상반기까지 성장률이 1%대로 부진할 것으로 예상되고 있다. 그런데도 한국은행은 2012년 7월과 10월 두 차례에 걸쳐 기준금리를 내린 다음 현재까지 움직이지 않고 있다(2013년 5월 유럽중앙은행과 호주중앙은행 등 주요국 중앙은행들이 잇달아 금리를 인하하자 한국은행은 0.25%포인트 인하했다). 금리는 만지작거리라고 있는 게 아니라 올리고 내리라고 있는 게 아닐까? 게다가 경기를 부양하기 위해 내린 금리가 환율 안정에도 일정 부분 기여한다면 그야말로 일석이조一石二鳥가 아닌가?

08 ...

원저低, 안 하나 못 하나?

2013년 4월 중순 서울에서 개최된 한 국제 세미나에서 일본 경제 전문가를 만났다. 다짜고짜 요즘 일본 경제와 사람들의 분위기가 어떠냐고 물었다. 생명보험회사 임원인 그를 2012년 11월 도쿄에서 만났을 때만 해도 서로 긴가 민가 하는 정도였던 데다 별달리 피부에 와 닿은 것도 없었다. 하지만 5~6개월이 지난 지금 일본 경제가 살아나고 있다는 뉴스가 잇따르고 있어서 그를 통해 현장의 분위기를 확인하고 싶었기 때문이었다.

그의 대답에다 최근에 나온 국내외 뉴스 또는 보고서 등을 필자가 나름대로 종합하면 다음과 같다. 한마디로 20여 년 동안 장기침체를 벗어나지 못하고 있던 일본 경제에 아베 총리가 단비를 흠뻑 쏟아 붓고 그 단비에 모든 일본 기업들과 일본 사람들이 뛰쳐나오면서 환호하는 것 같다는 것이다. 그러면서 "왜 여태껏 이러지 못했을까? 우리도 할 수 있다! 그럼, 우리가 왜 못해?" 하고 외치고 있다는 것이다.

아베 내각에 대한 지지율이 76%로 사상 최고 수준으로 치솟고 있는 것만 봐도 이 같은 일본 사람들의 마음을 잘 읽을 수 있을 것 같다.

반대로 요즘 우리나라 사람들의 심기는 어떨까? 엔저에다 북한 변수까지 겹치면서 심사가 뒤틀릴 대로 뒤틀린 상황이 아닐까? 게다가 엔저의 악영향이 앞으로 더 심각해질 것이라는 뉴스가 쏟아져 나오고 있다. 미국 주가가 사상 최고치를 연일 경신하고 일본 주가가 6개월여 만에 50% 이상 오르고 있다지만 코스피 지수는 횡보세를 면치 못하고 있다.

한국과 일본의 주가지수 추이

더욱이 우리나라의 성장률은 2012년 2.0%를 기록한 가운데 2013년에도 2% 중후반 정도에 머물 것이라는 우울한 전망이 나오고 있다. 2012년 성장률 2.0%는 미국의 2.2%보다 낮은 것일 뿐 아니라 일본의 2.0%와 같은 수준이었다. 1인당 국민소득 4만 달러를 넘고 있는 선진국이 2% 성장을 하고 있는데 2만 달러 초반대의 우리나라가 기껏 2% 성장이라니! 어쩌다 한 해 정도 그럴 수도 있는 게 아닌가 할 수도 있다. 하지만 2011~2014년에 이어 2015년 이후로 간다고 하더라도 2~3%대의 저성장세를 벗어나기가 쉽지는 않을 것이라는 목소리가 높아지고 있다.

이 대목에서 우리 경제가 최근 어느 정도로 심각한 상황에 빠져 있는가를 살펴보고 넘어가기로 하자. 한국은행이 성장률 통계를 내놓기 시작한 해는 1953년. 이후 마이너스 성장을 기록한 해는 모두 3번으로 1956년(-1.3%, 농사 흉년), 1980년(-1.9%, 2차 오일쇼크), 1998년(-5.7%, 외환위기)이다. 글로벌 금융위기 때인 2009년에는 그래도 0.3%로 간신히 마이너스를 피했다. 이전에 위기를 겪었을 때의 특징은 성장률이 한 해 마이너스 또는 0%대를 기록한 다음 해에는 성장률이 급등하는 모습을 보였다는 점이다. 예를 들면, 외환위기 때인 1998년 -5.7%를 기록했지만 다음 해인 1999년에는 성장률이 무려 10.7%까지 치솟았다. 글로벌 금융위기 때도 2009년 0.3%에 이어 2010년에는 6.3%로 성장률이 뛰어올랐다.

문제는 최근이다. 성장률이 2010년 6.3%에서 2011년에는 3.7%로 낮아지더니 2012년에는 2.0%로 더 낮아졌다. 더욱이 2013년 성장률도 2%대를 벗어나기 어렵다고 보고 정부가 경기부양에 나서고 있다. 2013년 성장률이 운 좋게 3%대로 올라선다고 하더라도 우리 경제는 1953년 이후 처음으로 3년 내리 2~3%대의 저성장을 이어가는 초유의 기록을 세우게 된다. 더욱이 2014년 성장률 또한 잘 해야 3%대로 올라설 것이라는 게 국제통화기금IMF 등 주요 예측기관들의 전망이다. 만약 2014년에도 성장률이 3%대를 벗어나지 못한다면 이 기록을 4년으로 연장하게 되는 것이다. 1인당 소득 2만 달러대의 나라가 성장률 2~3%대의 저성장시대로 진입하고 있는 것이다.

이런 상황이라면 우리 정부와 한국은행이 저성장의 고리를 끊겠다면서 적극적으로 나서야 하는 것이 아닐까? 정부가 나서서 재정지출도 늘리고 세금도 깎아주는 동시에 한국은행은 기준금리를 인하하면서 시중에 돈도 팍팍 풀어야 하는 것 아닐까? 미국과 유럽에 이어 일본도 돈을 풀어서라도 경기를 살리겠다고 나서고 있지 않은가!

다행히 새로 들어선 박근혜 정부가 경기부양에 나서면서 대책들을 내놓고 있다. 17조원에 달하는 추가경정예산을 편성해 재정지출을 늘리겠다고 한 데 이어 4.1 부동산종합대책과 5.1 투자활성화대책을 내놓았다. 특히 5.1 투자활성화대책에서는 기업 규제 개선 등을 통해 기업투자 12조원 이상을 유도하겠다고 발표했다. 2008년 글로벌 금융위기 이후 기업들이 투자에 나서지 않고 있어서 경기회복이 지연되고 있다고 보고 성장잠재력이 훼손되기 전에 투자를 활성화시키겠다고 나선 것이다.

맞는 방향이기는 하지만 17조원의 추경 투입과 이 정도의 투자 지원으로는 역부족일 것이라는 주장도 만만치 않다. 일본의 아베 총리만큼은 아니더라도 기왕이면 화끈하게 전방위적 경기부양에 나서야 한다는 목소리도 적지 않은 것이다. 특히 추경 17조원 중 12조원은 세수부족 충당재원으로 사용한다고 하니까 실제 늘어나는 재정지출은 5조원 남짓에 불과하다. 이명박 정부의 경우 균형재정이라는 족쇄에 걸려 찔끔찔끔 대책을 내놓다가 결국 돈만 쓰고 경제는 살리지도 못하고 말았다는 평가를 받고 있기도 하다. 아베 총리 이전의 일본의 역대 정부가 받아왔던 비판을 똑같이 받고 있는 것이다.

돈줄을 쥐고 있는 한국은행은 어떤가? 기준금리를 낮추고 돈도 풀라고 하지만 과연 미국이나 일본처럼 제로금리 수준으로 가고 그에 더해 돈을 푸는 양적완화정책으로 들어갈 수는 없는가? 그 같은 정책을 통해 일본의 엔저低처럼 원화 가치의 하락, 즉 원저低를 노릴 수는 없는 것인가?

먼저 첫 번째 처방으로 기준금리 인하 여부를 살펴보자. 한국은행은 2012년 7월과 10월의 두 차례에 걸쳐 기준금리를 0.5%포인트 인하한 후 2013년 4월까지 6개월 연속 동결했다. 새 정부가 들어선 다음 경기부양으로 경제정책 방향을 선회했지만 한국은행은 여전히 경기보다는 물가를 안정하는 듯한 입장을 유지했다. 그러다가 5월 들어 유럽중앙은행ECB과 호주중앙은행 등 주요국 중앙은행들이 잇달아 금리를 인하하자 한국은행도 기준금리를 0.25%포인트 인하했다.

반면 미국이 3차 양적완화를 실시하고 있는 가운데 유럽도 돈을 풀어서라도 재정위기를 헤쳐 나가겠다고 하고 있고, 일본은 앞서 언급한 대로 대대적인 양적완화에 나서고 있다. 수출의존도 등에서 우리나라와 비슷하다고 할 수 있는 호주의 경우 2011년 11월부터 2013년 5월까지 모두 7차례나 금리를 내리는 등 경기부양에 안간힘을 쏟고 있다. 최근 들어서는 멕시코와 폴란드, 헝가리, 인도, 베트남 등 신흥시장국들도 공격적으로 금리인하에 나서고 있다.

이런 가운데서도 한국은행은 물가안정을 우선시하는 듯하면서 금리 인하에 미온적 태도를 견지해온 것이다. 중앙은행이라고 해서 지금이 과연 물가안정을 운운할 때일까? 무엇보다 1%대의 소비자물가 상승률이 6개월 연속 이어지고 있다. 뿐만 아니라 원유 등 국제원자재 시장도 안정세를 유지하고 있어서 가까운 장래에 물가압력이 높아지지도 않을 것이라는 전망이다. 일각에서는 원화의 가치 하락, 즉 원화의 대미 달러 환율의 하락을 막기 위해서라도 금리를 계속 인하해야 한다고 주장하고 있다. 이 같은 주장에 대해 한국은행은 금리 인하가 환율에 미치는 영향이 거의 없다는 말만 되풀이해왔다. 과연 그럴까? 너도나도 금리를 인하하고 그에 더해 돈을 풀고 있는데 한국은행만 과거의 사례 또는 과거의 통계분석에 얽매여 있는 것은 아닐까? 다른 나라는 이미 전통적 또는 경제원론 교과서적 처방을 버리고 있는데 아직도 교과서에 목을 매달고 있는 것은 아닐까?

필자는 2011년 하반기부터 한국은행이 금리를 내려야 한다고 주장해왔다. 기껏 세 번의 금리인하로는 약발이 먹히지 않는다. 7개월 만에 한 번 내려놓고 또 만지작거려서는 안 된다. 앞으로 금리를 연이어 몇 차례 더 인하해야 할 것이다. 혹자는 한국은행이 금리를 올려야 할 때 제 때에 금리를 올려놓지 못해서, 즉 지금의 금리가 낮아서 더 이상 내리기는 어렵다고 항변한다.

그렇다고 해서 필자가 한국은행이 기준금리를 제로 수준까지 내리자고 하는 것은 아니다. 상황을 봐가면서 현재 2.5%인 기준금리를 2~3차례 더 내려서 글로벌 금융위기 직후의 수준인 2% 안팎까지 내려야 한다는 것이다. 한국은행의 경우 기준금리가 아직은 상대적으로 높은 수준인데도 왜 아끼고 있는지 도대체 이해가 가지 않는 것이다. 금리를 내려서 경기를 살린 다음 필요할 경우 다시 금리를 올리면 되는 것이다. 필자가 여러 차례 주장하는 것이지만 금리는 만지작거리라고 있는 것이 아니라 필요할 경우 내리고 올리라고 있는 것이다. 말은 선제적으로 금리를 올리고 내려야 한다면서 뒷북만 치고 있는 한국은행이 '호미로 막을 것을 가래로 막는 우遇'를 범하지 않기를 바랄 뿐이다.

두 번째 방안으로 한국은행이 기준금리와는 별도로 시중에 돈을 푸는 양적완화에 나서는 것은 어떨까? 결론부터 이야기하면 우리나라는 미국이나 유럽, 일본처럼 돈을 무한정 푼다고 해서 경기가 좋아지거나 원화 가치가 하락하지는 않을 것으로 보는 반면 그로 인한 부작용은 훨씬 더 클 수밖에 없으리라는 것이다. 왜 그럴까?

사실 '양적완화Quantitative Easing'는 중앙은행이 기준금리를 올리고 내리는 과정에서 시중의 돈의 양(통화량)을 줄이고 늘리는 방식, 즉 전통적 정책을 벗어난 비전통적 정책을 말하는 것이다. 전통적인 방식은 목표로 하는 시장금리 수준을 유지하기 위해 중앙은행이 기준금리를 올리고 내리면서 그에 따라 사고 파는 국채의 양을 조절하는 것이다. 예를 들어, 기준금리를 내릴 경우에는 중앙은행이 국채를 사들임으로써 시중의 돈이 늘어나고 그에 따라 시중금리도 떨어지게 될 것이다. 반면 기준금리를 올릴 경우에는 중앙은행이 보유하고 있는 국채를 내다 팖으로서 시중의 돈을 흡수하고 그에 따라 시중금리도 올라가게 되는 것이다.

이와는 달리 양적완화는 중앙은행의 전통적인 금리 조절과 그에 따른 통화량 조절이 더 이상 기능하지 않을 때, 예를 들면 기준금리가 제로 수준이어서 더 이상 전통적 정책 과정이 작동하지 않을 때 사용하는 비상수단이라고 할 수 있다. 따라서 양적완화는 미국이나 일본이 하고 있는 것처럼 특정 규모의 돈을 시중에 풀겠다고 발표하고 그에 따라 발권을 통해 돈을 푸는 것이다. 일부에서 비판하는 것처럼 말 그대로 인쇄기에서 무한정(?) 돈을 찍어내서 시중에 뿌리는 것이다. 물론 이 때 미국의 중앙은행인 연방준비제도이사회FRB처럼 은행 등 금융회사들이 보유하고 있는 모기지채권 또는 회사채를 사들이거나 담보로 할 수도 있지만 그 효과 면에서는 발권과 다를 게 없다.

똑같이 자국의 통화를 발권을 통해 찍어서 푸는 것인데 왜 미국과 유럽, 일본은 되는데 우리나라는 안 된다는 것인가? 먼저 미국의 달러를 보자. 달러는 세계 제1의 기축통화로 단일품목으로는 미국 제1의 수출품이다. 달러는 세계 어느 나라에서나 통용이 되면서 무역은 물론 원유와 같은 원자재 가격 산정 시 기준이 됨과 동시에 글로벌 기업들의 국제회계 시 기준이 되는 돈이기 때문이다. 전 세계 어디에서나 주고받으면서 세계인들이 서로 갖고 싶어 하는 돈이라는 말이다. 기축통화를 발행하는 미국의 연방준비제도이사회FRB는 미국의 중앙은행을 넘어 세계의 중앙은행으로서 발권에 따른 이익, 즉 시뇨리지seigniorage 효과를 최대한 누리고 있는 것이다.

전 세계 외환보유액 중 통화별 비중					(단위: %)
	1995년 말	2000년 말	2005년 말	2010년 말	2012년 말
외환보유액 (조 달러)	1.4	1.9	4.3	9.3	10.9
달러	59	71	67	62	62
유로	27	18	24	26	24
엔	7	6	4	4	4
파운드	3	3	4	4	4
기타	5	2	1	4	6

주: 1995년 말 유로는 독일 마르크, 프랑스 프랑, 네덜란드 길더 및 ECU를 더한 수치임
자료: IMF(COFER)

유럽중앙은행ECB이 발행하는 유로 역시 미국 달러만은 못하지만 기축통화 역할을 하고 있다. 유로화를 공동통화로 사용하는 유로존의 경제 규모가 미국과 맞먹을 뿐 아니라 유로존 외에도 라트비아와 리투아니아 등 범유럽권의 작은 나라들과 일부 산유국 및 남미 국가들이 외환결제 시 유로를 선호하고 있다. 물론 최근 들어 재정위기로 인해 유럽 경제가 마이너스 성장으로 떨어지면서 유로 가치의 약세가 예상되자 유로의 위상이 예전만 못해지고 있기는 하다. 하지만 적어도 유럽권에서는 기축통화의 지위에 큰 변화가 없을 것으로 예상하고 있다.

유럽 재정위기 또는 이란 핵 사태와 같은 부정적 뉴스가 뜨면 일본 엔화에 대한 수요가 늘어나면서 엔화 가치가 올라가는 현상을 기억할 것이다. 글로벌 경제에 안 좋은 뉴스가 뜨면 돈이 안전자산으로 몰리는 데 이 때 단골 메뉴로 올라오는 것이 미국 달러와 일본 엔

화, 스위스 프랑 등이다. 사실 일본의 정부 부채는 국내총생산GDP 대비 230%를 넘어 세계에서 가장 높은 수준이다. 하지만 정부 부채의 90% 이상을 일본의 은행과 보험회사 등 일본 국내금융회사들이 보유하고 있어서 정부 부채 비율이 높아도 추가적 재정적자, 즉 일본 국채의 발행 및 소화에 큰 문제가 없다는 것이 대다수 전문가들의 평가이다. 여기다 미국, 유로존, 중국에 이어 세계 4위(유로존을 개별 국가별로 보면 3위)의 경제 규모로 세계 최대의 채권국이기도 하다. 이에 따라 2012년 말 현재 전 세계 외환보유액 10조 9,000억 달러 중 엔화의 비중이 4%에 달하고 있다. 달러(62%)와 유로(24%)에 비하면 크게 낮지만 가치 변동이 크지 않을 뿐 아니라 보유외환의 다변화를 위해 주요국 중앙은행들이 엔화를 꾸준히 수요하고 있기 때문이다. 이 같은 면에서 보면 엔화도 달러와 유로처럼 일정 부분 기축통화의 지위를 가지고 있다고 할 수 있다.

반면 우리나라 원화는 어떤가? 대한민국의 법정통화인 원화는 안타깝게도 대한민국 영토를 벗어나면 다른 나라 통화와 교환이 되지 않는 돈, 심하게 이야기하면 종이쪽일 뿐이다. 따라서 한국은행이 발권을 통해 양적완화에 나설 경우 그에 따른 부작용만 크게 부각될 것이다. 예를 들면, 통화량의 급증에 따른 물가상승 압력은 물론이고 원화 가치의 급락에 따른 후유증까지 고려해야 할 것이다. 최악의 경우 한국은행의 양적완화로 원화 가치가 급락할 것이 예상되면서 외국인투자자들이 한꺼번에 탈출을 시도할 경우 외환위기가 발생할 가능성도 배제할 수 없다. 원화의 가치가 급락하면서 환율이 급등할 것을 예상한 외국인투자자들이 가만히 당하고 있을 리가 없기 때문이다. 현오석 부총리가 최근 국회 기획재정위원회에서 우리나라의 양적완화가 외환위기를 부를 가능성이 있다는 것을 부인하지 않은 것도 이 같은 이유 때문일 것이다.

세 번째는 외환당국, 즉 정부와 한국은행이 외환시장에 직접 개입해 환율을 떠받치는 경우를 생각해볼 수 있다. 우리나라처럼 상대적으로 규모가 작으면서 수출입의존도가 높은 경제는 외환시장에의 직접적인 개입은 피하는 것이 바람직하다. 왜냐 하면 미국과 중국 등 주요 무역대상국들이 우리나라를 환율조작국으로 지정, 대대적인 보호무역조치를 취할 가능성이 높아지기 때문이다. 외환시장에 직접 개입하기보다는 우리나라로 유입되는 달러를 억제하기 위한 장치, 즉 거시건전성 3종 세트 등을 통해 단기자금 성격의 달러 유입을 최대한 억제해 나가야 할 것이다. 거시건전성 3종 세트는 선물환 포지션 규제, 외국인 채권 투자 과세, 외환건전성 부담금 부과를 말한다. 선물환 포지션 규제는 은행이 수출업체로부터 달러 선물환을 매입할 수 있는 한도를 줄이는 것이고, 외국인 채권 투자 과세는 2011년 1월부터 시행하고 있는 외국인 채권 투자에서 발생한 이자소득에 대해 부과하는 14%의 세금을 올리는 것이다. 또한 은행의 외화차입금에 대해 부과하고 있는 외환건전성 부담금을 보험 · 증권 · 카드 등 제2금융권으로 확대하는 것이다.

이와 함께 학계에서 주장하는 토빈세 부과도 고려해볼 일이다. 그간에는 브라질만 토빈세를 부과해 왔지만 2013년 1월 22일 독일과 프랑스 등 유로존 11개국이 토빈세를 도입키로 결정했다. 토빈세는 노벨 경제학상 수상자인 미국의 제임스 토빈Tobin이 1972년에 내놓은 개념이다. 환율 안정을 위해 국경을 넘는 자본 이동에 대해 모든 국가가 과세하자는 주장으로 세금을 매겨 외환 거래의 비용을 높이면 자본의 자유로운 유출입을 어느 정도 통제할 수 있다는 것이다. 이번 기회에 우리나라도 적극적으로 토빈세 도입을 검토하는 것이 바람직할 것이다.

마지막으로 짚고 넘어갈 점 하나. 원저, 즉 원화의 대미 달러 환율이 올라간다고 해서 긍정적인 효과만 있을까? 물론 원화 환율이 올라가게 되면 우리 수출기업들의 가격경쟁력이 높아지면서 수출에 상당폭 도움이 될 것이다. 그러나 이명박 정부의 고환율, 즉 원저 현상이 수출에는 상당한 도움이 되었지만 내수를 살리지 못하면서 재임기간 5년 동안 연평균 성장률이 2.9%에 내려앉고 말았다는 점을 상기할 필요가 있다. 연평균 7% 성장을 선거 공약으로 내걸었지만 1980년대 이후 역대 어느 정부보다 낮은 성적을 기록하면서 간신히 전 세계 평균 성장률 2.9%와 같은 수준에 그치고 만 것이었다. 과도한 가계부채와 부동산 시장의 침체 등으로 내수가 부진하기도 했지만 고환율로 인한 물가상승 부분도 가계의 소비여력을 크게 줄였다고 볼 수 있다. 환율이 높아지는 가운데 원유 등 수입원자재 가격이 급등하면서 국내 소비자물가상승률을 큰 폭으로 끌어올렸기 때문이었다. 특히 2008년 원유가격이 배럴당 140달러대까지 급등하면서 국내 소비자물가상승률이 전년 대비 4.7%까지 치솟았었다. 유가급등에다 원저까지 겹치면서 이른바 '수입가격발 인플레이션'을 혹독하게 겪은 것이다. 다음 해부터 소비자물가상승률이 2%대로 다시 내려오기는 했지만 한 번 오른 물가가 계속 걸림돌이 되었다는 점은 부인할 수 없을 것이다. 결국 고환율 현상이 우리 경제의 성장에는 큰 도움이 되지 못한 반면 수출과 내수의 양극화, 물가상승, 빈부격차의 확대를 가져오면서 오히려 사회적 갈등을 키웠다는 비판을 면치 못할 것이다.

따라서 지금으로서는 원저를 유도하기보다는 급격한 원고를 억제함으로써 수출기업들이 적응할 시간을 벌게 하는 것이 더 중요한 과제라고 할 수 있다. 동시에 엔저 현상이 장기간 지속될 것으로 보고 그에 대한 대책을 수립하고 신속하게 시행해야 할 것이다. 앞서 언급한 거시건정성 3종 세트는 물론 필요하다면 토빈세를 도입하는 것을 고려해야 할 것이다. 또한 엔저로 타격이 큰 중소기업과 수출업체에 대한 지원을 강화하는 동시에 과도한 엔저를 막기 위한 외교적 노력도 기울여야 할 것이다. 특히 중국 등 아시아의 신흥시장국들과 국제적 공조체제를 구축, 일본에 대한 비판의 목소리를 높이는 것도 필요한 부분이다. 기업 차원에서는 매번 나오는 이야기지만 근본적으로 품질 및 브랜드 제고 등을 통해 경쟁력을 높이는 동시에 환율의 영향을 덜 받거나 일본과 경합하지 않는 품목 개발 등에도 적극 노력해야 할 것이다.

끝으로 일본의 아소 다로 부총리 겸 재무상의 기고와 리처드 돕스 맥킨지글로벌인스티튜트MGI 소장의 충고로부터 우리가 배울 점을 찾아보자. 아소 부총리는 최근 영국의 일간지 파이낸셜타임스FT에의 기고에서 아베노믹스의 모멘텀을 성장으로 직결시켜야 한다고 주장했다. 과감한 통화정책과 융통성 있는 재정정책을 통해 일본 경제와 금융시장이 효과를 체감하고 있다면서도 가장 중요한 것은 일본 경제와 기업의 성장잠재력을 극대화시키는 성장 전략이라는 점을 강조한 것이다. 대다수 전문가들이 아베노믹스가 성공하기 위해서는 엔저가 아니라 기업들의 근본적 경쟁력이라고 주장하는 것과 같은 맥락이다. 엔저가 진통제 또는 마약과 같은 임시방편적 처방이므로 그 효과가 끝나기 전에 경제의 엔진인 기업들의 경쟁력을 제고시켜야 보다 근본적으로 일본이 장기침체를 벗어날 수 있다는 것이다. 우리 경제와 기업들에게도 같은 지적과 자가진단이 필요하지 않을까?

맥킨지 서울사무소의 파트너를 겸임하고 있는 리처드 돕스 MGI 소장. 맥킨지가 2013년 4월 중순 한국 경제가 재도약하기 위해서는 신성장동력을 필요로 한다면서 내놓은 '제2의 한국 보고서: 신성장 공식'의 공동저자이기도 하다. 돕스 소장은 국내 한 언론(한국경제신문 2013. 4. 25일자)과의 인터뷰에서 "한국은 새로운 성장동력을 구축하지 않으면 성장을 지속할 수 없는 기로에 서 있다"면서 "한국은 그동안 엔고의 이익을 누린 행운아였다"고 주장했다. 또한 "엔저 속에서 살아남아야 진짜 경쟁력 있는 기업"이라면서 이 시점에서 한국 기업에 필요한 것은 고임금구조와 엔저에도 살아남을 수 있는 '제품 혁신'이라고 말했다. 근본적 경쟁력 확보보다는 환율에 기대려는 마음이 더 큰 우리 정부와 기업들이 돕스 소장의 충고를 귀담아 들어야 하지 않을까.

09 •••
유럽중앙은행ECB의
금리 인하와 한국은행

2013년 11월 7일 유로화를 공동통화로 사용하는 유로존 17개국의 중앙은행인 유럽중앙은행ECB이 전격적으로 기준금리를 0.25%포인트 인하했다. 인하 예상이 전혀 없었던 것은 아니지만 빨라도 12월에 2014년 경제 및 물가전망을 내놓으면서 금리를 내릴 것이라는 게 전문가들의 대체적인 견해였다. 특히 저금리에다 풀린 돈이 부동산 시장으로 몰려들면서 거품을 우려하고 있는 독일의 반대를 무시하지 못할 것이라는 전망이 우세한 편이었다. 하지만 이탈리아 출신인 마리오 드라기 총재가 이끄는 ECB는 기준금리를 사상최저수준인 0.25%까지 낮추는데 성공했다. 더욱이 앞으로 필요하다면 추가적인 금리 인하는 물론 미국식의 양적완화도 불사하겠다고 나서고 있다.

ECB가 독일의 거센 반대를 무릅쓰면서 금리를 인하한 이유를 어디에서 찾을 수 있을까? 크게 디플레이션 진입 우려, 유로화 강세, 그리고 경기침체 지속의 3가지로 나눠볼 수 있다. 먼저 디플레이션 진입 우려는 유로존의 소비자물가상승률이 지나치게 빠르게 안정되는 흐름을 보이고 있기 때문이다. 2013년 2월 유로존의 소비자물가 상승률은 전년 동월 대비 1.8%로 인플레이션 억제목표인 2.0%를 밑돈 이후 계속 1%대를 오르내리다가 최근 들어서는 눈에 띄게 둔화되고 있다. 특히 10월에는 0.7%로 글로벌 금융위기 이후 3년 반 만에 처음으로 0%대로 진입했다.

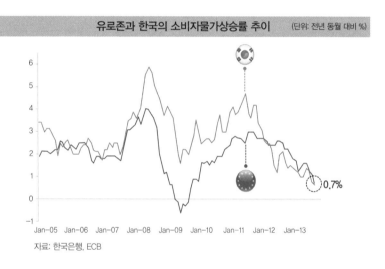

유로존과 한국의 소비자물가상승률 추이 (단위: 전년 동월 대비 %)

자료: 한국은행, ECB

만약 이 같은 추세가 이어진다면 유로존 경제가 일본식 디플레이션으로 빠져들 가능성도 배제할 수 없다는 주장이 제기되고 있다. 물가가 지속적으로 하락하는 디플레이션 상황으로 진입하게 되면 소비자와 기업들이 소비와 투자를 가급적 늦추게 될 것이고, 그에 따라 기업들의 매출과 이익이 줄어들면 고용과 소득이 줄어들 수밖에 없다. 줄어든 고용과 소득이 또 다시 소비감소로 이어지는 악순환에 빠지면서 일본처럼 경기침체와 물가하락이 동반하는 최악의 시나리오까지 각오해야 하는 것이다.

유럽연합EU 집행위원회는 2013년 11월 초 유로존의 소비자물가상승률이 2011년 2.7%에서 2012년에는 2.5%로 낮아진 데 이어 2013년과 2014년에는 1.5%로 더 안정될 것이라는 예측을 내놓았다. 만약 글로벌 경제의 회복세 둔화 등으로 유로존 경제가 최근의 회복세를 이어가지 못한다면 2014년 소비자물가상승률이 0%대로 떨어질 가능성도 염두에 둬야 하는 시점에 온 것이다. 국가별로 보면 2013년 9월 기준으로 소비자물가상승률이 이미 0%대를 기록하고 있는 나라가 17개국 중 6개국(키프로스, 그리스, 아일랜드, 이탈리아, 포르투갈, 스페인)이다. 이른바 남유럽 재정위기국PIIGS 또는 구제금융을 받은 나라(키프로스)가 죄다 디플레이션 압력에 놓여 있는 것이다. 특히 그리스의 소비자물가상승률은 7개월 연속 전년 동월 대비 마이너스를 기록하면서 2013년 8월과 9월은 −1.0%까지 하락하고 있다.

이런 가운데 유로화의 강세는 이중고二重苦를 가져다 줄 가능성이 높다. 유로화의 강세는 한편으로는 환율 하락에 따른 수입물가의 하락으로 물가의 하락안정세를 더 부추길 수 있다. 다른 한편으로는 유로화 강세가 최근 살아나고 있는 수출에 악영향을 미지면서 그나마 남아 있는 유로존의 성장동력에 제동을 걸 가능성도 있다. 실제로 최근 유로화 환율은 2013년 7월 초 유로당 1.27달러에서 11월 초에는 1.35달러까지 급등했다. 서너 달 사이에 6% 이상 유로화 가치가 급등하면서 물가상승세 둔화를 가속시키는 동시에 수출에도 찬물을 끼

엎고 있는 것이다. 일부에서는 ECB의 이번 금리 인하가 이 같은 유로화 강세 흐름을 미리 차단하려는 선제적 대응이라는 분석도 내놓고 있다.

디플레이션 우려가 제기되고 있는 가운데 유로화 강세가 지속된다면 유로존 경제는 그야말로 첩첩산중이라고 할 수 있다. 앞서 언급한대로 디플레이션과 유로화 강세 둘 다 유로존 경제에 미치는 영향은 부정적이기 때문이다. 유로존의 2013년 2분기 국내총생산GDP 성장률은 전기 대비 0.3%를 기록했다. 무려 7분기 만에 마이너스를 벗어난 것이었다. 하지만 디플레이션 압력에다 유로화 강세가 겹친다면 다시 마이너스로 내려앉을 가능성도 배제할 수 없다. 드라기 ECB 총재가 금리 인하 직후 가진 인터뷰에서 "유로존이 급속한 성장세로 돌아선 것은 아니다"면서 "경기회복을 촉진하기 위해 모든 가능한 방안을 염두에 두고 있다"고 밝힌 것도 이 같은 경기하방 위험을 염두에 뒀기 때문일 것이다. 특히 유로존 회원국 간 성장률(2012년 기준)이 최고 1.8%(슬로바키아)에서 최저 −6.4%(그리스), 실업률이 최저 4.3%(오스트리아)에서 최고 25.0%(스페인)로 차이가 나는 상황에서 독일의 반대에도 불구하고 금리를 인하할 수밖에 없었던 속내를 읽을 수 있다고 하겠다.

이쯤에서 우리나라의 중앙은행인 한국은행으로 눈을 돌려보자. 한국은행은 2013년 5월 기준금리를 2.75%에서 2.5%로 인하한 이후 2013년 11월까지 6개월 연속 동결해오고 있다. 필자를 포함한 일부 전문가들이 꾸준히 금리 인하 필요성을 주장했지만 물가안정에다 더

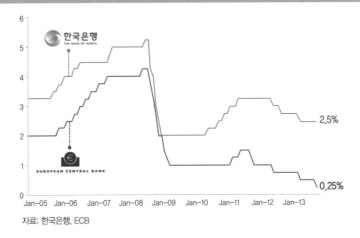

유럽중앙은행(ECB)과 한국은행(BOK) 기준금리 추이 (단위: %)

자료: 한국은행, ECB

중점을 두고 있는 데다 미국의 중앙은행인 연방준비제도이사회FRB의 양적완화 축소를 앞두고 금리를 움직이기가 어렵다는 판단이라는 분석이다.

하지만 우리 경제의 성장률을 보면 2012년 2.0%에서 2013년 2.8%에 그치고, 2014년에도 잘 해야 3% 중후반대로 올라갈 것이라는 전망이다. 이런 가운데 소비자물가상승률은 10개월 연속 전년 동월 대비 1%대를 기록한 데 이어 2013년 9월, 10월은 각각 0.8%, 0.7%로 두 달 연속 0%대로 낮아지고 있다. 성장률과 실업률뿐 아니라 물가상승률 또한 큰 차이가 나고 있는 17개 회원국으로 이뤄진 유로존과는 다른 상황이라고는 하지만 한국은행도 물가에 대한 인식을 바꿔야 할 때가 아닐까? 다시 말해 한국은행도 디플레이션 및 저성장 지속 우려뿐 아니라 원화의 강세를 억제하기 위해서라도 기준금리를 공격적으로 인하해야 할 때가 아닐까? 한국은행의 기준금리 2.5%는 인하할 여력도 충분하다.

인플레이션과 디플레이션

최근까지 주요국의 근심거리는 '인플레이션inflation', 즉 물가가 전반적·지속적으로 상승하는 현상이었다. 영어 inflate는 원래 타이어나 풍선에 바람을 넣어 부풀리는 것을 의미한다. 가격과 임금이 어느 정도 올라줘야 상품을 파는 기업도, 임금을 받는 직장인들도 신이 날 것이다. 따라서 풍선이 여기저기 가볍게 둥둥 떠다닐 정도의 적절한 수준의 인플레이션이 필요하다는 주장도 있다. 하지만 풍선에 바람이 지나치게 많이 들어가면 바람을 빼기도 어렵지만 잘못 다루다가 터지기 십상이므로 과도한 인플레이션은 피해야 한다는 것이 역사적 경험이다.

반대로 '디플레이션deflation'은 물가가 전반적·지속적으로 하락하는 경우를 말한다. 영어 deflate는 inflate의 반대말로 바람을 뺀다는 뜻이다. 물가하락은 통상 저성장과 실업증가를 동반하면서 나타나기 때문에 요즘엔 디플레이션 하면 물가하락과 경기침체가 동반하는 현상으로 사용하고 있다. 바람 빠진 풍선이 여기저기 널브러져 있는 것처럼 경제가 전반적으로 활력을 잃고 있는 상황이다.

'디스인플레이션disinflation'은 미국, 유럽 또는 우리나라처럼 인플레이션이 이미 상당히 발생한 상황에서 물가안정을 위해 노력하는 경우를 말한다. 말 그대로 빵빵하게 바람이 든 풍선에서 서서히 바람을 빼는 작업으로 많은 노력과 고통을 필요로 한다. 하지만 유로존처럼 경기침체와 겹치면서 지나치게 바람이 빠질 경우 디플레이션 우려가 제기되기도 한다.

'리플레이션reflation'은 디플레이션을 벗어나 어느 정도 물가가 오르는 상태로 만드는 상황을 뜻한다. 요즘의 일본이 직면하고 있는 상황으로, 바람이 빠진 풍선에 공기를 불어넣는 경우라고 할 수 있다. 일단 공기가 빠진 풍선에 공기를 불어넣기가 쉽지 않을 뿐 아니라 지나치게 공기를 많이 불어넣을 경우 다시 인플레이션이 발생하게 되는 매우 조심스러운 작업이다.

10 •••

인구 보너스와 떠오르는 아프리카

'희망의 대륙: 떠오르는 아프리카The hopeful continent; Africa rising'

2012년 12월 경제주간지 이코노미스트가 내놓은 아프리카 관련 기사의 제목이다. 내용도 내용이지만 떠오르는 해를 배경으로 아프리카 지도 모양의 연을 날리는 어린이가 뛰어가는 사진이 인상적이었다. 나이지리아 남부에 있는 오닛샤라는 시장에는 매일 300만 명의 사람들이 몰려들어 쌀과 비누와 같은 생활필수품은 물론 컴퓨터와 건설장비와 같은 고가제품을 사고 판다. 가게마다 산더미처럼 물건을 쌓아놓고 호객을 하는 모습에서 아프리카를 상징하던 부패와 가난, 질병은 간 데 없고 희망과 열정, 번영을 읽을 수 있다는 것이었다.

미국의 투자은행 골드만삭스는 2003년 'BRICs'라는 신조어를 만들어냈다. 신흥시장국 중에서 인구대국인 동시에 성장 전망이 밝은 브라질Brazil, 러시아Russia, 인도India, 중국China의 영문 머리글자를 딴 것이었다. 이후 너도나도 BRICs를 떠오르는 신흥시장국의 대명사로 사용하기 시작하면서 이제는 보통명사화되었다.

2005년이 되자 골드만삭스는 '넥스트 11Next 11'이라는 신조어를 다시 내놓았다. BRICs를 이어갈 새로운 신흥시장국 11개국을 선정한 것이었다. 거시경제의 안정성, 정치적 성숙도, 무역 개방성, 투자 정책, 교육 수준 등을 감안할 때 투자 전망이 좋고 성장 잠재력이 큰 신흥시장국으로 일종의 Post-BRICs라고 볼 수 있다. 넥스트 11에는 한국을 비롯하여 멕시코, 베트남, 이란, 이집트, 터키, 인도네시아, 필리핀, 파키스탄, 방글라데시, 나이지리아가 포함되었다.

이후 BRICs의 뒤를 이어갈 Post-BRICs를 지칭하는 신조어들이 쏟아져 나왔다. VISTA(베트남, 인도네시아, 남아공, 터키, 아르헨티나; 2006년), CIVETS(콜롬비아, 인도네시아, 베트남, 이집트, 터키, 남아공; 2009년), MAVINS(멕시코, 호주, 베트남, 인도네시아, 나이지리아, 남아공; 2010년), MIKT(멕시코, 인도네시아, 한국, 터키; 2010년) 등이다. 넥스트 11에서 MIKT까지의 5개 그룹을 들여다보면 총 32개국을 포함하고 있는데 이 중 8개국이 2~5번 중복해서 거명되고, 7개국은 한 번만 이름을 올리고 있다. 인도네시아의 경우 한 번도 빠지지 않고 5번 모두 포함되고 있고, 베트남과 터키가 각 4번씩, 멕시코와 남아프리카공화국이 각 3번씩, 우리나라와 이집트·나이지리아가 각 2번씩 이름을 올리고 있다. 이 결과만 놓고 본다면 앞으로 떠오르는 Post-BRICs로는 인도네시아, 베트남, 터키, 멕시코, 남아공 등의 순서로 꼽을 수 있을 것이다.

다른 한편으로 눈여겨볼 부분은 그간 잊혀진 암흑의 대륙으로 취급받던 아프리카에서도 남아공, 이집트, 나이지리아의 3개국이 이름을 올리고 있다는 점이다. 이들 세 나라는 아프리카에서 인구 규모로 5위권 내에 들어가는 대국이다. 나이지리아는 1억 5,600만 명으로 아프리카에서 가장 많은 인구이고, 이집트와 남아공은 각각 7,800만 명과 5,000만 명의 인구를 가지고 있다. 이 중 남아공은 아프리카에서 가장 잘 사는 나라 중의 하나로 1인당 국민소득이 2010년에 7,000달러를 넘어섰다. 국제통화기금IMF은 남아공의 1인당 국민소득이 2016년을 전후해 1만 달러를 넘어설 것으로 전망하고 있다. 특히 남아공은 아프리카의 대표주자로서 2012년 2월 BRICs의 공식회원국으로 가입, BRICS(소문자 s를 대문자 S로 교체)를 구성하는 5개국 중의 하나가 되었다.

이집트는 2000년대 중반 이후 연평균 6% 이상의 높은 성장세를 이어오면서 2010년 1인당 국민소득이 2,800달러를 기록했다. 유럽 재정위기에다 시민혁명의 충격이 겹치면서 2012년과 2013년 2년 연속 1%대의 낮은 성장률이 예상되지만 2013년부터는 4~6%대의 높은 성장률을 예상하고 있다. 나이지리아는 인구대국인 동시에 자원대국이라는 강점을 가지고 있다. 1인당 소득은 아직 1,200달러대로 아프리카 평균인 1,700달러에도 채 못 미치지만 세계 9위의 석유 수출과 세계 16위의 천연가스 수출을 바탕으로 2000년대 들어 연평균 10% 안팎의 높은 성장세를 유지하고 있다. 글로벌 금융위기와 유럽 재정위기의 여파에도 최근 수년 간 성장률이 5~8%대를 기록한 데 이어 앞으로도 5~6%대의 성장을 내다보고 있다.

아프리카 전체의 약진도 놀랍다. 1990년대만 해도 아프리카의 연평균 성장률은 2.3%로 전 세계 평균 성장률 2.9%에도 못 미쳤지만 2000년대 이후 최근까지 연평균 성장률은 5.2%대에 달하고 있다. 같은 기간 전 세계 연평균 성장률 3.6%의 2배에 가까운 고속성장을 하고 있는 것이다. 2010년 1인당 국민소득을 보면 아프리카 대륙 53개국 중 8개국은 중국(4,382달러)보다 높고, 9개국은 인도(1,371달러)보다 높다. 중국보다 소득이 높은 8개국의 인구는 6,500만 명, 인도보다 소득이 높은 9개국의 인구는 2억 2,000만 명으로 합치면 3억 명에 달한다. 또한 인도와 엇비슷한 소득 수준(1,000~1,371달러)의 국가도 7개국 2억 1,500만 명에 달한다. 1인당 국민소득 1,000달러 이상인 인구가 아프리카 총 인구의 절반에 해당하는 5억 명을 넘고 있는 것이다.

세계 및 권역별 성장률 추이					(단위: %, 기간 중 연평균)
	전 세계	선진국	신흥시장국	아프리카	한국
1990년대(1990~99년)	2.9	2.7	3.2	2.3	6.7
2000년대(2000~09년)	3.6	1.7	6.1	5.2	4.4

자료: IMF

여기서 짚고 넘어갈 용어가 '인구배당Demographic Dividend 효과'이다. 인구배당 효과는 인구 보너스Demographic Bonus 효과라고도 하는데 고출산 농촌형 경제에서 저출산 도시형 경제로 바뀌면서 출산율 하락 초기에 생산가능인구(15~64세) 비중은 높아지는 반면 부양률(14

세 이하 및 65세 이상 인구 대비 생산가능인구의 비율)은 낮아짐에 따라 저축률이 증가하면서 성장률이 높아지는 현상을 말한다. 국제통화기금IMF 등은 1960년대 이후 시작된 우리나라를 비롯한 동남아시아 국가들의 인구배당 효과는 거의 소진되고 있는 반면 인도와 서남아시아, 중동, 아프리카 등은 인구배당 효과가 앞으로도 상당 기간 지속될 것으로 내다보고 있다. 더욱이 양극화가 심한 아프리카의 경우 전체 인구 10억 명 중 중산층 이상 인구가 2~3억 명에 달한다는 추정이 나오고 있다. 이미 수년 전부터 네슬레와 P&G, 유니레버 등 글로벌 기업들은 급속하게 성장하는 아프리카 중산층의 의식주 시장을 겨냥한 다양한 상품을 출시함으로써 매출과 시장점유율을 획기적으로 늘려가고 있다.

2013년 1월 말 파이낸셜타임스FT에 따르면 이코노미스트 인텔리전스 유닛EIU이 전 세계 연금펀드와 헤지펀드, 사모펀드 등 158개 기관투자가를 상대로 설문조사한 결과 66%가 가장 유망한 투자지역으로 아프리카를 선택한 것으로 나타났다. 아울러 이들 기관투자가들은 가장 큰 투자 매력으로 급증하는 중산층을 꼽으면서 3곳 중 2곳이 오는 2016년까지 아프리카의 투자비중을 5% 이상으로 늘리겠다고 밝혔다. 158개 기관투자가 중 절반은 현재 아프리카 투자 비중이 전체 포트폴리오의 1%도 안 되는 상황이다. 우리 기업들도 자원을 넘어 생산과 소비시장으로서의 아프리카에 보다 적극적으로 눈을 돌려야 할 때이다.

11 ● ● ●
대통령과 지니계수

미국 오바마 대통령의 부자증세와 지니계수. 베네수엘라 차베스 대통령의 4선과 지니계수. 우리나라 대통령 선거와 지니계수. 도대체 대통령과 지니계수가 무슨 관계일까? 지니계수의 변화를 보다 극적으로 보여주고 있는 베네수엘라부터 먼저 살펴보자. 반미·좌파에다 기행奇行으로 유명한 차베스 대통령이 2012년 10월 치러진 대선에서 4선에 성공했다. 부정선거라는 주장도 있지만 야권 통합후보를 10%포인트 차이로 따돌렸다.

차베스의 독재정권 아래에서 부정부패가 더 심해졌다는 비판이 국내외에서 나오는 와중에도 무려 4선에 성공한 이유가 무엇일까? 일반 국민들에게 가장 크게 와 닿는 소득 증가와 소득 불평등의 완화에 성공했기 때문이 아닐까? 베네수엘라의 1인당 국민소득은 1980년대 초반만 해도 4,000~5,000달러대였던 것이 1990년대 초중반에는 2,000~3,000달러대로 후퇴했다. 이런 와중이던 1998년에 정권을 잡은 차베스 대통령은 수출의 80% 이상을 차지하는 석유를 엔진으로 성장률을 높이는 데 전력을 기울였다. 동시에 물보다 싼 휘발유에다 무상교육, 무상의료 등을 시행하면서 서민층과 빈민층의 폭 넓은 지지를 받았다.

그 결과 1인당 국민소득이 2008년에 사상 처음으로 1만 달러를 넘어섰다. 이와 함께 1998년만 해도 0.495로 전 세계적으로도 가장 높은 수준이었던 지니계수가 2012년에는 0.39까지 급락했다. 소득이 2배 이상 늘어나는 가운데 늘어난 소득이 부자들에게 집중된 게 아니라 오히려 서민과 빈민들에게 더 많이 주어지고 있다는 것을 체감하고 있는 것이다. 반론도 있을 것이고, 아전인수라고 할 수도 있지만 이 같은 점에서 보면 차베스 대통령의 4선은 예상된 결과라고 할 수 있다.

요즘 미국은 물론 글로벌 경제의 화두는 재정절벽Fiscal cliff. 만약 급격하게 세금이 늘어나고 재정지출이 줄어드는 재정절벽이 현실화된다면 미국의 성장률이 마이너스로 급락하면서 7% 후반까지 내려왔던 실업률이 다시 9%, 10%를 넘어설 것이라는 게 전문가들의 전망이다. 이런 가운데 재선에 성공한 오바마 대통령이 야당인 공화당에 대해 절대로 양보할 수 없다면서 절벽에 서 있는 항목 중의 하나가 부자증세이다. 부자증세로 늘어나는 세입을 가난한 사람들에게 더 많은 복지혜택을 줄 수 있는 재원으로 사용하겠다는데 왜 막느냐는 주장이다.

오바마 대통령이 이처럼 강하게 나오고 있는 가장 큰 배경으로 지니계수를 들 수 있지 않을까? 제2차 세계대전 이후 미국의 지니계수 (Census Bureau 발표 통계)는 0.36~0.37에서 큰 변화가 없다가 1960년대 성장세가 호조를 지속하면서 0.34~0.35까지 낮아졌었다. 하지만 1~2차 오일쇼크를 거치면서 높아지기 시작해 1989년에는 0.401로 사상 처음으로 0.4를 넘어섰다. UN 등 국제기구는 지니계수가 0.4를 넘으면 사회적 불안정이 높아지는 것으로 보고 있다. 이후에도 계속 오름세를 유지, 2010년에는 0.44를 기록했다. 사상 최고치 0.444(2006년)와 큰 차이가 없는 상황이 계속되고 있는 것이다. 전임 부시 대통령 등 공화당 정부의 유산이라고 비난을 할 수도 있지만 오바마 대통령 재임기간 중에도 거의 나아진 게 없다.

미국의 지니계수 추이

1947	1950	1960	1970	1980	1990	2000	2010
0.376	0.379	0.364	0.353	0.365	0.396	0.433	0.440

자료: 미국 센서스국(가족 기준)

제2차 세계대전 직후 1,500달러였던 미국의 1인당 소득이 최근 4만 5,000달러를 넘어 30배 이상 높아졌다. 같은 기간 중 인플레이션을 감안하더라도 1940년대 후반의 1달러가 현재 10달러 정도의 가치(노동통계청 계산)를 가지고 있으므로 실질적으로 3배 이상 잘 살게 되었다. 하지만 지난 60~70년 동안 '빈익빈 부익부貧益貧富益富' 현상이 지속되면서 부자들만 성장의 과실을 누리고 있는 반면 가난한 사람들의 살림은 별반 좋아진 게 없는 셈이다. 그래서 이번에야말로 부시 전 대통령이 남겨놓은 부자감세의 망령에서 벗어나 서민들이 잘 사는 미국을 만들려고 오바마 대통령이 안간힘을 다하고 있는 것이다.

다음으로 남미와 동유럽 국가들의 정치적 안정성을 비교해보자. 헝가리와 폴란드 등 동유럽 국가들이 매우 안정적인 정치체제를 유지해온 반면 아르헨티나와 칠레 등 남미 국가들은 최근까지 쿠데타 등 빈번한 정치적 불안정을 겪고 있다. 물론 이 같은 차이를 정치체제 또는 국민성, 지역성, 식민지 여부 등에서 찾을 수 있을 것이다.

하지만 지니계수만으로도 이들 두 지역의 차이를 설명할 수 있다. 전통적으로 남미 국가들의 지니계수는 전 세계적으로 가장 높은 수준이다. 볼리비아, 콜롬비아, 칠레, 브라질 등의 지니계수는 0.50을 넘으면서 20위권 내에 자리하고 있다. 이에 따라 대다수 남미 국가에서는 소득불균형에 따른 국민들의 불만을 등에 업고 툭하면 쿠데타가 발생했다. 실제로 이 같은 정치적 불안정이 경제성장에 걸림돌이 되는 악순환에 빠져들면서 남미 국가들이 최근까지 만년 2류 국가로 전락하게 된 것이라는 견해도 만만치 않다.

반면 헝가리와 슬로바키아, 슬로베니아 등의 지니계수는 0.24~0.28로 전 세계적으로도 가장 낮은 그룹에 속한다. 폴란드와 체코가 상대적으로 높은 편이지만 각각 0.34, 0.31로 남미 국가들에 비해서는 크게 낮다. 동유럽처럼 지니계수가 낮은 국가들이 상대적으로 낮은 소득 수준에서 정치적 안정을 바탕으로 경제성장에도 성공하고 있는 게 아닐까? 정치적 안정과 경제적 성장이 선순환구조를 만들어낸 케이스인 것이다.

이처럼 지니계수는 소득불균형을 보여주는 경제적 지표이면서도 사회적 또는 정치적 안정성을 동시에 보여주는 복합적 지표라고 할 수 있다. 그렇다면 대표적인 사회주의 국가인 중국의 지니계수는 얼마나 될까? CIA는 0.48(2009년)로 추정하고 있고, 0.5를 훨씬 넘는다는 주장도 찾아볼 수 있다. 중국이 개혁개방에 나서기 전에는 사회주의 국가로 지니계수가 0.3 안팎으로 그다지 높지 않았을 것이다. 그러던 것이 1994년 0.37, 2000년 0.41로 높아진 데 이어 최근에는 0.5에 근접하고 있는 것이다. 중국 정부는 부유층의 소득 파악이 어렵다면서 2000년 이후에는 지니계수(전국)를 아예 발표조차 하지 않고 있다. 대한민국보다 더 자본주의적이라는 말을 듣는 중국의 가장 큰 고민거리로 빈부격차 또는 소득불균형이 대두되고 있는 것이다.

실제로 중국에서는 지니계수가 0.5를 넘을 때마다 폭동이나 정변政變이 일어났다. 청나라 말 태평천국의 난이 일어났던 1850년대의 지니계수가 0.58에 달했다는 기록이 있고, 1940년대 국민당 정부 당시에도 0.53이었다고 한다. 최근 중국 전역에서 걸핏하면 폭동과 시위가 발생하고 있는 것도 0.5에 달하는 지니계수로 설명할 수 있을 것이다. 시진핑 총서기가 취임 첫날 '공동 부유共同富裕'를 내세운 것도 이처럼 갈수록 높아지고 있는 지니계수, 즉 빈부격차 때문일 것이다.

12 •••
정권 교체와 경제

2012년과 2013년은 '글로벌 선거의 해' 또는 '글로벌 정권 교체의 해'라고 할 수 있다. 2012년에만 미국과 중국, 한국 등 20여 개국에서 정권이 바뀌었다. 미국의 오바마 대통령이 재임에 성공했을 뿐 중국, 일본, 프랑스, 러시아, 한국 등 대부분의 국가에서 지도자가 바뀌었다. 2013년 들어서는 1월 이스라엘 조기 총선과 2월 이탈리아 조기 총선, 6월 이란 대선, 9월 독일 총선 등이 있었다. 각국의 선거 일정과 정치상황에 따른 결과이기는 하지만 이렇게 한꺼번에 정권이 교체되는 경우도 찾아보기 어려울 것이다.

문제는 주요국에서 정권이 교체되면 그에 따라 정치 · 외교 · 국방 등의 지형이 바뀌는 동시에 해당국의 경제는 물론 글로벌 경제에도 큰 영향을 미친다는 점이다. 과연 오바마 대통령의 미국 경제는 재정 절벽 협상의 마지막 남은 고개와 후유증을 잘 넘길 수 있을 것인가? 중국의 시진핑 총리는 경제의 연착륙과 빈부격차 해소라는 두 마리

토끼를 어떻게 잡을 것인가? 유럽의 재정위기는 어떤 식으로 해결될 것인가? 무제한으로 돈을 풀겠다는 아베 총리는 일본 경제를 살려낼 것인가? 이란과 이스라엘의 선거는 이란의 핵개발 사태에 어떤 영향을 미칠 것인가? 그에 따라 국제원유시장은 어떻게 반응할 것인가?

더 큰 문제는 해외의존도가 높은 우리 경제의 경우 이처럼 많은 대외적 불확실성을 모두 안고 2013년 한 해를 보내야 한다는 것이다. 경제 규모로 세계 1, 2위인 미국과 중국G2 경제의 순항 여부는 물론 유럽과 일본, 중동사태 등이 우리 경제에 유독 크게 영향을 미칠 것이기 때문이다. 실제로 2012년 우리 경제가 당초 예상의 절반에 불과한 2% 초반대의 성장률로 내려앉은 것도 이 같은 불확실성들이 걸림돌이 되었기 때문이었다.

이런 가운데 2월에 들어서는 새 정부의 경제정책 방향은 향후 5년 또는 그 이상의 미래를 결정할 것이다. 박근혜 당선인의 선거 공약과 당선 후 행보 등을 보면 새 정부의 경제정책은 크게 세 가지 방향에서 차별화를 추구할 것으로 예상된다. 단기적으로 침체를 거듭하고 있는 경기를 살리는 동시에 중장기적으로 '경제민주화, 복지, 민생 안정'을 통해 '국민행복시대'를 열어가는 것이다. 선거과정에서 박 당선인은 경제민주화가 일방적으로 대기업을 죄악시하고 벌을 주려는 정책으로 비춰지는 것에 대해 강한 거부감을 표현했다. 이에 따라 새 정부가 글로벌 스탠더드를 벗어나지 않는 선에서 경제민주화를 추진할 것이라는 기대가 나오고 있다. 하지만 당선 직후 중소기업과 소상공인, 서민들을 가장 먼저 만난 박 당선인의 경제민주화 의지를 과소

평가해서는 안 될 것이다.

한편 복지와 민생 안정은 우리 경제의 성장 동력을 크게 해치지 않는 범위 내에서 중장기 계획에 따라 실행해 나가야 할 것이다. 특히 복지와 민생 안정은 경제민주화와는 달리 둘 다 성장과 돈(예산)을 필요로 한다는 점을 감안해야 한다. 대기업이든 중소기업이든 자영업이든 경제를 이끌어가는 기업과 국민들이 열심히 뛰어 성장 엔진을 돌려야 가능한 것이 복지와 민생 안정이기 때문이다. 동시에 갈수록 낮아지고 있는 우리 경제의 장기적 성장 잠재력을 키우기 위한 신성장 동력의 육성과 저출산·고령화 대책에도 소홀함이 없어야 할 것이다.

박정희 대통령은 '잘 살아 보세'라는 구호를 통해 우리 경제와 국민들을 오랜 가난에서 벗어나게 하는데 성공했다. 간단하면서도 가슴에 와 닿는 구호를 넘어 신바람 나는 경제와 가계부를 만들어 주었기 때문이다. 열심히 일하면 적어도 나 혼자 또는 내 가족만큼은 잘 살 수 있다는 자신감을 일으켜 세운 것이다.

박근혜 당선인의 '다시 한 번 잘 살아보세'는 '잘 살아 보세'에 단순히 '다시 한 번'을 덧붙인 것이 아닐 것이다. 이제 더 이상 나만 혼자 잘 살자는 것이 아니라 내 이웃과 내 후손들도 잘 사는 세상, 즉 더불어 잘 사는 세상을 만들어보자는 것일 것이다. 더 나아가 박 당선인을 찍지 않은 48%의 국민들은 물론 경제민주화의 대상인 일부 대기업이나 부자들도 다 함께 끌어안고 가는 포용과 화합의 장을 만들어야 할 것이다. 박 당선인이 말하는 국민대통합과 국민행복의 열쇠가 바로 여기에 있다고 할 수 있다.

제4부

4만 달러 시대를 향하여!

"

전 세계적으로 '메이드인코리아'에 대한 관심이 높아지고 있다. 스마트폰과 TV, 자동차 등의 상품뿐만이 아니라 우리의 대중가요와 음반은 물론 드라마, 영화, 게임 등이 인기몰이에 나섰다. 이와 더불어 신흥시장국 또는 개발도상국들이 우리나라의 경제 및 산업 정책과 관련된 제도와 시스템을 받아들이는 정책 한류에도 적극적이다. 전자정부, 의료보험, 고속도로 건설 및 운영과 같은 미시적 과제는 물론 경제개발 및 발전과 같은 거시적인 국가경제 운영과 관련된 분야에서도 경험을 전수받기를 원하고 있다. 이들 나라들이 우리나라를 선진국으로 인식하고 있을 뿐 아니라 개발도상국에서 선진국으로 진입한 대표적인 롤 모델role model로 보고 있기 때문이다.

"

01 •••
저성장 자체가 한국 경제의 위기

연말이 다가오면서 2013년 성장률이 2% 후반대로 굳어지고 있는 가운데 2014년 성장률에 대한 전망이 나오고 있다. 기업인들은 물론 일반 국민들도 2014년에는 우리 경제가 좀 나아지려나 하고 기대를 걸어보고 있지만 그다지 좋은 상황은 아니다. 기획재정부가 2014년 예산을 세우면서 2014년 성장률을 3.9%로 내다봤지만 상당히 낙관적이라는 평가가 우세하다. 한국은행과 국제통화기금IMF이 최근 2014년 성장률 전망치를 조금씩 하향조정, 각각 3.7%와 3.8%로 전망했다. 국책연구원인 한국개발연구원KDI은 3.6%로 보고 있다. 투자은행 등 민간연구소가 포함된 국내외 36개 예측기관의 평균은 이보다 낮은 평균 3.5%로 집계되고 있다.

이 경우 우리 경제는 2011년 3.6% 이후 4년 연속 2~3%대 성장이라는 초유의 저성장을 기록하게 된다. 한국은행이 국내총생산GDP 성장률 통계를 발표하기 시작한 1953년 이후 처음으로 2011년부터

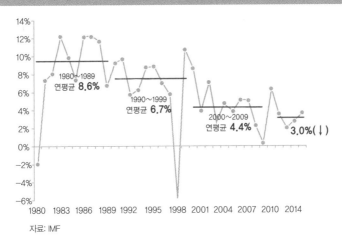

우리나라의 국내총생산(GDP) 성장률 추이(1980~2014년)

1980~1989
연평균 **8.6%**

1990~1999
연평균 **6.7%**

2000~2009
연평균 **4.4%**

3.0%(↓)

자료: IMF

2013년까지 내리 3년 2~3%대 성장이라는 불명예스러운 기록을 만든 데 이어 곧바로 기록을 4년 연속으로 늘리는 것이다. 1980년대만 하더라도 연평균 8~9%대의 성장을 하던 우리 경제가 불과 20여 년 만에 2~3%대의 저성장시대로 진입하고 있는 것이다.

문제는 저성장시대로의 진입에 대해 심각하게 우려하는 목소리는 잘 들리지 않는다는 점이다. 저성장이 3년여 이어지고 있는 가운데 너도나도 저성장·저금리 시대로 진입하고 있다고 하니까 정부는 물론 기업이나 일반 국민들도 덩연히다고 받아들이고 있는 것은 아닐까?

그나마 다행인 것은 경제전문가들은 저성장 지속현상에 대해 우려를 표명하고 있다는 사실이다. 전국경제인연합회(이하 전경련)가 2013년 9월 하순 필자를 포함한 민간 경제전문가 42명을 대상으로 실시한 설문조사결과에 따르면 95.2%가 "우리 경제의 저성장이 심각한 상황"이라고 답한 것으로 나타났다. 뿐만 아니라 이들 경제전문가의 73.8%는 우리 경제가 경기 판단 오류와 정책 실기로 '잃어버린 20년'을 경험하고 있는 일본식 장기불황으로 빠져들 가능성이 높은 것으로 판단했다. 일본식 장기불황으로 진입하는 이유로는 소비 및 투자 부진(45.2%)과 저출산·고령화(41.9%)를 꼽았다.

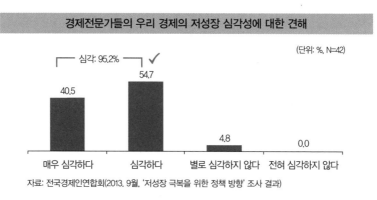

경제전문가들의 우리 경제의 저성장 심각성에 대한 견해

(단위: %, N=42)

심각: 95.2% ✓

매우 심각하다	심각하다	별로 심각하지 않다	전혀 심각하지 않다
40.5	54.7	4.8	0.0

자료: 전국경제인연합회(2013. 9월, '저성장 극복을 위한 정책 방향' 조사 결과)

그렇다면 경제전문가들은 저성장 극복 또는 탈출을 위해 필요한 정책으로 어떤 것들을 제시하고 있을까? 69%가 기업투자 활성화를 꼽으면서 기업규제 완화와 외국인투자 유치, 해외로 나갔다가 다시 돌아오는 U턴 기업에 대한 지원, 세제 및 금융지원을 필요한 조치로 제시하고 있다. 또한 일본식 장기불황을 피하기 위한 정책으로는 성장잠재력 확충(42.8%)과 소비 및 투자 활성화(38.1%)를 꼽았다. 기업규제 완화 등을 통해 기업 투자를 활성화함으로써 장기적 성장잠재력을 확충해야 우리 경제가 활력을 되찾는 동시에 저성장의 함정에서도 벗어날 수 있다고 주문하고 있는 것이다.

하지만 이 같은 우려와 주문의 목소리가 기초연금 등 복지논쟁에다 세수부족 등 증세논란에 묻히고 있다. 이러다가 우리 경제가 정말로 일본처럼 저성장의 늪에 빠져드는 것은 아닐까 하는 걱정이 앞설 수밖에 없는 요즘이다. 위기가 위기인 줄 모르는 게 가장 큰 위기라는 말이 있다. 위기라고 생각하고 그에 대비하는 준비와 대응에 나설 경우 위기로 인한 충격파를 어느 정도 막을 수 있다. 그러나 위기임에도 위기가 아니라는 안이한 자세로 대응할 경우 그 충격파는 걷잡을 수 없이 커지기 마련이다. 1997년 말 외환위기 당시가 대표적인 예라고 할 수 있다. 지금 한국 경제는 저성장 자체가 위기라는 인식의 대전환이 필요하다. 또한 그리스 등 유럽 재정위기국에서 보는 것처럼 성장이 멈추면 복지도 멈출 수밖에 없다. 이 같은 인식 위에 저성장을 탈출하기 위해 과연 우리가 범경제적·범사회적 차원에서 무엇이 필요한가를 심각하게 고민해야 할 때이다.

02 •••

저성장의 원인과 국가경쟁력

3.6%(2011년) → 2.0%(2012년) → 2.8%(2013년 전망치). 우리나라의 성장률이 2012년 2.0%로 내려앉은 데 이어 2013년에도 2.8% 수준에 불과한 것으로 추정하고 있다. 이 경우 우리 경제는 한국은행이 국내총생산GDP 성장률 통계를 발표하기 시작한 1953년 이후 처음으로 내리 3년 2~3%대 성장이라는 초유의 저성장을 기록하게 된다. 2014년에도 만약 4%대로 올라서지 못한다면 불명예스러운 기록이 무려 4년으로 늘어나게 된다. 1980년대만 하더라도 연평균 8~9%대의 성장을 하던 우리 경제가 불과 20여년 민에 2~3%대의 저성장시대로 진입하고 있는 것이다.

1인당 소득 5,000달러 시대와 현재와 같은 2만 달러 시대를 직접적으로 비교할 수는 없다. 소득 수준이 낮을 때는 고성장이 가능하지만 소득 수준이 높아질수록 성장세가 둔화된다는 것은 역사적 경험이다. 그렇기는 해도 최근 우리 경제의 저성장세는 잘못하면 성장동

역대 대통령 임기 중 연평균 성장률 비교						(단위: %)
	전두환 (1981~87)	노태우 (1988~92)	김영삼 (1993~97)	김대중 (1998~2002)	노무현 (2003~2007)	이명박 (2008~2012)
한국 성장률	10.0	8.7	7.4	5.0	4.3	2.9
전세계 성장률	3.1	3.2	3.4	3.3	4.8	2.9

자료: IMF, 한국은행

력 자체를 잃어버리는 것은 아닌가 하는 우려를 낳을 정도로 심각한 상황이다. 도대체 어디에서 저성장의 원인을 찾을 수 있을 것인가?

먼저 저출산과 고령화를 생각해볼 수 있다. 여성 1명이 평생 낳을 것으로 예상되는 출생아 수를 의미하는 합계출산율이 1.3명으로 전 세계적으로 가장 낮은 수준이다. 그러나 우리나라의 고령인구비율은 12%대인 가운데 전체 인구에서 생산가능인구(15~64세)가 차지하는 비중도 72%대로 주요국 중에서 가장 높은 편이다. 또한 생산가능인 구는 2017년부터 줄어들 것으로 전망하고 있다. 더욱이 집집마다 직 장을 못 잡아 고민하는 청년과 중장년층이 더 많은 것을 보면 아직까 지는 일자리가 없는 것이 문제이지 일할 사람이 없는 것이 문제는 아 닌 것이 확실하다.

다른 한편에서는 2008년 글로벌 금융위기에 이은 2011년 유럽 재 정위기의 여파로 세계 경제가 침체를 벗어나지 못하고 있기 때문을 지적한다. 수출의존도가 높은 우리 경제가 세계 경제의 부진으로 인 해 덩달아 부진하다는 것이다. 실제로 2012년의 경우 전 세계 교역량 증가율이 2.5%에 그치면서 과거 20년 평균 6%의 절반에도 못 미쳤다. 이 바람에 우리나라 수출증가율도 2011년 18.5%에서 2012년에는 −2.2%로 급락하면서 오히려 성장에 걸림돌이 되었다.

그러나 이런 가운데서도 선전한 나라를 찾아볼 수 있다. 2012년 수출증가율에서 미국(4.4%), 독일(4.1%), 프랑스(4.0%), 중국(7.9%) 등은 플러스를 기록했다. 세계의 공장인 중국은 그렇다 치더라도 미국과 독일, 프랑스의 수출이 플러스를 기록했다는 사실에 주목할 필요가 있다. 특히 제조업 분야가 취약하다는 미국의 경우 2012년에 수출을 앞세우면서 성장률이 우리나라(2.0%)보다 높은 2.8%를 기록했다.

여기서 짚고 넘어갈 부분이 국가의 경쟁력이다. 한 국가의 종합적인 경쟁력을 평가하는 국가경쟁력지수는 세계경제포럼WEF과 국제경영개발원IMD에서 매년 발표하고 있다. 우리나라는 경제 규모에서는 세계 15위를 차지하고 있지만 경쟁력 순위는 각각 25위와 22위로 덩치 값을 제대로 못하고 있다. 특히 2013년 9월 초에 발표된 WEF 순위는 2012년 19위에 비해 6단계나 떨어진 것이다. 한 나라의 국가경

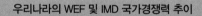

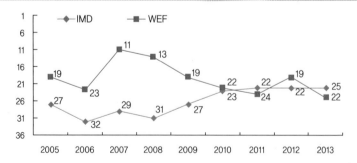

우리나라의 WEF 및 IMD 국가경쟁력 추이

쟁력이 위기 또는 전쟁이 아니라면 어느 날 갑자기 크게 좋아진다거나 크게 나빠지는 게 아니라는 측면에서 WEF의 국가경쟁력 산출 기준과 범위, 방식 등에 문제가 있다고 비판할 수도 있다. 하지만 우리나라의 경쟁력이 확실하게 10위 이내로 진입하지 못하고 있는 것은 사실이다.

이처럼 우리 경제가 경쟁력이 뒤떨어지고 있는 이유를 어디에서 찾을 수 있을까? 먼저 세계은행이 발표하는 '기업환경평가Doing Business 2014'에서 우리나라는 전 세계 183개국 중 7위를 차지하고 있다. 대단한 성적이다. 하지만 기업하는 사람들에게 과연 그런가 하고 물어본다면 십중팔구는 고개를 가로저을 것이다. 현장에서 느끼는 감은 상당 폭 다르기 때문이다. 이 때 내놓을 수 있는 지수가 경제자유도와 부패지수이다. 미국의 헤리티지재단이 발표하는 경제자유도(34위)와 국제투명성기구TI가 발표하는 부패지수(45위)에서 우리나라는 30~40위권을 벗어나지 못하고 있다. 우리나라 기업과 개인들의 경제활동이 상대적으로 자유롭지 못할 뿐 아니라 부패 정도도 높다는 평가를 받고 있는 것이다. 2012년에 불거진 저축은행 부실사태, 최근의 원자력발전소 부품 비리와 국세청 전직 고위간부의 뇌물 수수 등이 좋은 예라고 할 수 있다. 결론적으로 과도한 규제와 부패, 지하경제 등이 우리 경제와 기업들의 발목을 잡고 있는 것은 아닐까.

저출산과 고령화는 저성장의 당장의 원인은 아니라지만 곧 다가올 재앙이다. 앞으로도 글로벌 경제는 위기가 수시로 반복되면서 불확실성을 더 키워갈 것이다. 그렇다면 이에 대응하기 위해서라도 우리 경제의 경쟁력을 탄탄하게 만들어가야 한다. 최근 모 은행의 광고에서 "기업이 살아야 일자리가 늘어난다"고 말하는 것처럼 기업의 기氣가 살아야 경제도 살고 일자리도 늘어날 것이다. 한 나라 경제의 경쟁력의 핵심인 기업의 기를 살리기 위해서는 기업하기 좋은 환경을 만들어줘야 한다. 기업이 행복하고 그런 기업들을 바라보는 국민들이 행복한 나라가 곧 행복국가일 것이다. 기업하기 좋은 환경을 만들기 위해 글로벌 스탠더드에 맞지 않는 규제를 과감하게 풀고 세금을 낮출 것인가, 아니면 경제민주화 등을 내걸면서 계속 족쇄를 채울 것인가?

03 ● ● ●
복지 100조원 시대의 과제

2013년 복지 예산이 정부 총예산 342조원의 30%를 차지하면서 사상 처음으로 100조원을 넘어섰다. 그러나 우리나라의 복지지출 비중은 주요 선진국들에 비하면 절반에도 못 미치는 상황이다. 경제협력개발기구OECD가 복지 지출로 정의하는 정부의 사회적 지출의 국내총생산GDP 대비 비중을 보면 우리나라는 9.2%(2011년)에 불과하다. 반면 프랑스와 독일은 각각 32.1%, 26.3%로 가장 높은 편이고, OECD 34개 회원국의 평균도 21.7%에 달하고 있다.

그런데 문제는 우리나라의 복지지출 증가속도가 OECD 회원국 중 가장 빠를 뿐 아니라 앞으로도 가장 빠르게 늘어날 것이라는 점에 있다. 가정에 따라 조금씩 다르기는 해도 베이비부머(1955~1963년생)들이 완전히 은퇴하는 2020년을 전후해 복지지출이 급격히 늘어나기 시작해 2030년대 후반이면 우리나라의 복지지출 비중이 OECD 평균에 도달할 것이라는 전망이 나오고 있다. 이후 2050년경이 되면 우리나라가 복지지출 비중이 가장 높은 나라 중의 하나가 되리라는 것이다. 가장 큰 이유는 저출산과 급속한 고령화의 진전일 것이다. 여기다 소득 불평등의 심화 및 그에 따른 복지수요가 분출되면서 정부와 정치권에서 이를 적극적으로 반영하고 있다는 점도 무시할 수 없을 것이다.

이처럼 급증하고 있는 복지수요를 과연 우리 경제와 우리 세대가 감당할 수 있을까? 복지지출이 앞으로도 계속 늘어날 수밖에 없다면 어떤 식으로 가야 지속가능한 복지제도를 만들 수 있을 것인가? 필자는 다섯 가지 과제를 제시하고자 한다. 첫 번째는 예산 100조원 시대에 걸맞는 복지행정 및 복지전달 시스템의 구축이 필요하다는 점이다. 복지예산의 급증과 예산의 효율성과는 별개의 문제이다. 댐의 수문을 연다고 해서 타들어가는 논밭으로 물이 제대로 공급되는 것이 아닐 수도 있다는 말이다. 보다 효율적인 물의 공급을 위해 수로와 경지를 정리하는 것처럼 규모가 커지는 만큼 그에 맞는 행정 및 전달 체계를 만들어나가야 할 것이다.

두 번째는 도덕적 해이를 어떻게 막을 것인가 하는 문제이다. 복지전달 및 수행 기관들에 대한 관리 및 감독을 강화하는 것은 물론 복지 혜택을 직접적으로 받는 사람들의 도덕적 해이도 최대한 억제해야 할 것이다. 예를 들면, 복지 혜택으로 인한 근로유인과 저축유인의 저하를 어떻게 막을 것인가 하는 것이다. 무엇보다 스스로 일하고 스스로 저축하는 것이 삶의 의미이자 최대의 노후준비라는 점을 인식시키는데 주력해야 할 것이다.

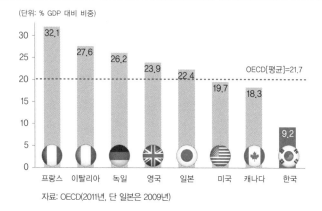

주요국 정부의 사회적 지출 비중

(단위: % GDP 대비 비중)

OECD[평균]=21.7

프랑스 32.1
이탈리아 27.6
독일 26.2
영국 23.9
일본 22.4
미국 19.7
캐나다 18.3
한국 9.2

자료: OECD(2011년, 단 일본은 2009년)

　세 번째는 재원조달이다. 급증하는 복지예산에 맞추기 위해서는 기존 예산의 효율화와 절감 및 지하경제의 양성화만으로는 한계가 있을 수밖에 없다. 추가적 세금 부담 및 감세 축소에 대한 국민적 합의를 이끌어내야 할 것이다. 이를 위해서는 먼저 국민들에게 복지지출이 필요한 곳에 제대로 쓰이고 있다는 믿음과 그로 인해 우리 사회가 보다 살기 좋아지고 있다는 희망을 심어줘야 할 것이다.

　네 번째는 늘어나는 복지가 일자리를 창출하는 상생相生의 장을 만들어가야 한다는 점이다. 제조업에서의 일자리 창출이 갈수록 어려워지고 있는 만큼 대표적 서비스업 분야인 복지에서 어떻게 하면 괜찮은 일자리를 만들어낼 것인가를 고민해야 할 것이다. 선진국의 경험에 비춰보더라도 복지 분야는 여성과 고령자들에게 일할 수 있는 기회를 더 많이 만들어 줄 수 있을 것이다. 만약 복지 분야에서 일자리 창출에 성공한다면 박근혜 대통령의 선거 공약인 고용률 70%와 중산층 비중 70%가 가능해질 것이다.

　마지막으로 다섯 번째는 민간이 참여하는 기회를 늘려야 한다는 점이다. 특히 우리나라처럼 복지에서 정부의 기여도가 매우 낮은 상황에서 민간의 참여는 재원 확충에 더해 선택의 기회를 넓혀주는 역할을 할 것이다. 이를 위해 사회적 기업의 육성은 물론 기업의 사회적 역할 증대, 개인들의 기부와 자원봉사 활성화 등이 필요할 것이다. 또한 이들 민간차원의 복지활동에서 여성과 고령자 등을 위한 일자리를 만들어낼 경우 일석이조의 효과를 노릴 수 있을 것이다.

　후손들에게 이탈리아와 스페인처럼 과도한 국가부채를 물려줄 것인가, 아니면 지속 가능한 복지를 물려줄 것인가는 지금 우리의 손에 달려 있다.

04 •••
우리나라 가계부채의 문제점과 위험

　3대 국제신용평가사 중의 하나인 무디스가 2013년 11월 25일 한국의 가계부채 증가가 한국 금융회사들의 신용등급에 부정적이라는 평가를 내놓았다. 상황이 더 악화될 경우 신용등급을 강등당할 수도 있다는 것이니까 축구로 치면 옐로카드를 받은 셈이다. 신용등급으로 먹고 사는 금융회사들에게 치명적인 경고이다. 왜냐하면 은행 등 금융회사의 신용등급이 낮아지면 외부에서 돈을 빌리거나 채권을 발행할 때 금리가 높아지는 것은 물론 경우에 따라서는 아예 돈을 빌릴 수조차 없게 되기 때문이다.

　무디스의 경고는 한국은행이 2013년 9월 말 가계신용이 992조원으로 사상최대치를 기록했다고 발표한 며칠 후에 나왔다. 여기서 가계신용은 은행 등 금융회사들이 가계에 빌려준 가계대출에다 판매신용(신용카드 또는 할부판매 이용액)을 더한 것이다. 사실 소득과 고용이 늘어나는 성장하는 경제에서 가계가 돈을 빌려 쓰는 것은 당연한 경제활동의 하나이고 그 규모가 늘어나면서 사상최대치를 경신하는 것 또한 매우 자연스러운 일이다. 따라서 무디스가 우리나라의 가계부채가 사상최대를 기록했다는 사실만으로 경고음을 발한 것은 아니다. 무디스는 우리나라의 가계부채의 재무건전성 등 여러 지표들이 악화되고 있다고 지적했다. 특히 중하층 가계들의 부채 상황이 급속하게 나빠지고 있다면서 금융감독 당국의 규제조치로 은행들이 대출을 꺼림에 따라 대출수요가 은행 외의 금융회사, 즉 새마을금고 또는 저축은행과 같은 비은행권으로 옮겨 가고 있기 때문이라고 분석했다.

우리나라 가계부채가 어떤 상황이며, 또 어떤 위험을 안고 있는 것일까? 첫 번째로는 최근 수년 동안 가계부채가 소득보다 훨씬 더 빠른 속도로 늘어났다는 점을 들 수 있다. 10여 년 전인 2002년에만 해도 64.5%였던 국내총생산GDP 대비 가계신용 비율이 2012년에는 75.7%까지 급등했다. 기간 중 GDP는 연평균 5.9% 증가하면서 721조 원에서 1,273조원으로 1.8배 늘어났다. 반면 가계신용은 465조원에서 964조원으로 2.1배나 늘어나면서 연평균 증가율이 7.6%에 달했다.

두 번째는 이에 따라 무디스가 지적한 것처럼 우리나라 가계부채의 재무건전성, 즉 원리금 상환 능력이 크게 떨어지고 있다는 점이다. 경제협력개발기구OECD에 따르면 개인가처분소득 대비 가계부채 비율에서 우리나라는 156.3%(2011년)로 주요국 중 가장 높은 수준이다. 글로벌 금융위기 이후 미국 등 주요 선진국들은 부채를 축소de-leverage하는 정책기조로 돌아서면서 이 비율이 낮아지고 있다. 반대로 우리나라는 내수진작 및 주택시장 활성화 정책, 자영업자 급증 등의 영향으로 가계부채 증가율이 소득 증가율을 웃도는 흐름이 계속되고 있는 것이다. 그간 대출금리가 크게 낮아지기는 했지만 부채 규모 자체가 커지면서 이자 및 원금 상환 부담이 커질 수밖에 없는 구조적 문제를 안고 있는 것이다. 앞으로 경기가 크게 호전되지 않는 가운데 금리가 오름세를 탄다면 2002~2003년처럼 신용불량자를 양산할 가능성도 배제할 수 없다.

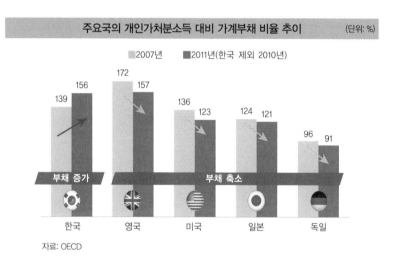

주요국의 개인가처분소득 대비 가계부채 비율 추이 (단위: %)

세 번째는 가계부채의 상당 부분이 주택구입 또는 전세금 증액과 관련이 있다는 점이다. 대표적인 케이스가 2000년대 후반 주택 가격이 오를 것으로 기대하고 무리하게 대출을 받은 사람들이다. 이른바 하우스푸어house poor라고 불리는 이들은 주택 가격이 수년째 내림세를 이어가면서 금융부담과 함께 집을 팔고 싶어도 팔리지 않는 이중고를 겪고 있다. 현대경제연구원 등에 따르면 이 같은 하우스푸어가 우리나라 전체 가구의 10% 안팎에 해당하는 100~180만 가구에 달하고 있다. 여기다 한국은행의 금융안정보고서에 따르면 최근 전세 가격이 급등하자 집주인(22.5%)들이 대출금을 상환하기 위해 전세금을 올리는 현상은 상황을 더 악화시키고 있다. 주택보유자가 세입자에 비해 신용도 또는 상환능력이 높다고 볼 수 있다면 채무가 집주인으로부터 세입자에게 넘어가는 것은 결코 바람직하지 못하다. 뿐만 아니라 집주인이 집을 팔아도 대출금과 전세보증금을 충당할 수 없는 이른바 '깡통전세'가 전세를 끼고 있는 전체 주택의 10%에 해당하는 36만 가구로 추정되고 있다.

네 번째는 가계대출 중 대출금리가 크게 높은 비은행권 대출의 비중이 높아지면서 전반적인 대출금리의 인하에도 이자부담이 크게 줄어들지 않고 있다는 점이다. 비은행권은 저축은행과 신용협동조합, 새마을금고, 상호금융(농수협 단위조합), 보험사, 캐피탈사, 증권사 등을 포함하는 개념이다. 특히 저축은행과 신협, 새마을금고, 상호금융의 대출은 2002년 55조원에서 2012년에 193조원으로 3.5배나 늘어난 반면, 은행 대출은 222조원에서 660조원으로 3.0배 늘어나는데 그치고 있다. 문제는 이들 비은행권의 대출금리가 은행에 비해 크게 높을 뿐 아니라 신용등급이 낮은 사람들이 대거 몰려 있다는 점이다. 비은행권 대출은 은행 대출한도가 찼거나 은행 거래를 할 만큼 신용등급이 높지 않은 대출자가 주를 이루고 있기 때문이다. 대출금리만 보더라도 2013년 10월 중 은행의 가계대출 금리(이하 신규취급액 기준)

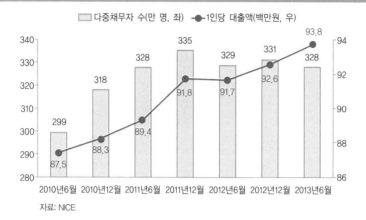

다중채무자 추이

□ 다중채무자 수(만 명, 좌)   ━●━ 1인당 대출액(백만원, 우)

자료: NICE

가 연 4.2%인데 반해, 신협과 새마을금고, 상호금융은 연 5%대에 달하고, 저축은행은 연 12%를 넘고 있다.

다섯 번째는 3곳 이상의 금융회사로부터 돈을 빌려 쓰고 있는 이른바 다중채무자가 328만 명에 달하고 있다는 점이다. 전체 가계대출자의 30%를 넘는 이들 중 상당수는 돌려막기로 간신히 버티고 있는 사람들이 적잖을 것이고, 돌려막기가 무너질 경우 동시다발로 연체가 발생한다는 점에서 가장 세심한 모니터링이 필요한 부분이다. 이외에도 자영업자들이 운영비용을 마련하기 위해 받은 주택을 담보로 가계대출을 받는 경우가 늘어나고 있다는 점, 은퇴 등으로 소득이 감소했거나 감소할 가능성이 높은 50대 이상 연령층의 가계대출이 빠른 속도로 증가하고 있다는 점, 2003년 이후 본격화되기 시작한 원리금 분할상환대출의 거치기간이 2012년부터 종료되기 시작하면서 원

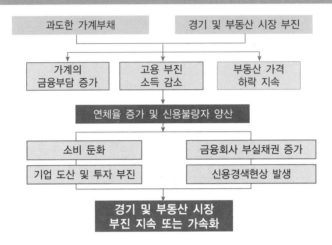

가계부채 위험의 파급 효과

과도한 가계부채 / 경기 및 부동산 시장 부진

가계의 금융부담 증가 / 고용 부진 소득 감소 / 부동산 가격 하락 지속

연체율 증가 및 신용불량자 양산

소비 둔화 / 금융회사 부실채권 증가

기업 도산 및 투자 부진 / 신용경색현상 발생

경기 및 부동산 시장 부진 지속 또는 가속화

리금상환 부담이 커지고 있다는 점 등도 짚고 넘어가야 할 것이다.

댐은 가장 약한 곳에서 무너지기 시작해서 가장 강하고 튼튼한 곳도 힘없이 무너져 내린다. 미국의 서브프라임모기지 부실사태도 서브프라임sub-prime(프라임보다 낮은 신용등급)이라는 말 그대로 신용도가 낮은 사람들이 도화선이 됐다. 신용도가 높은 사람들이 더 이상 돈을 빌려가지 않자 미국의 금융회사들이 신용도가 낮은 사람들에게까지 대거 돈을 빌려주기 시작했다. 그러다가 이들의 연체가 급증하면서 신용도가 높은 프라임모기지는 물론 미국 금융시장을 넘어 글로벌 금융시장이 위기의 소용돌이로 빠져든 것이었다.

우리나라 가계대출의 연체율은 2009년 12월 말 0.48%에서 2013년 10월 말 현재 0.85%로 오름세를 타고 있다. 하지만 연체율만 놓고 본다면 아직은 우려할 정도는 아니라고 할 수 있다. 그러나 다중

가계부채 비율 추이　　　　　　　(단위: %)

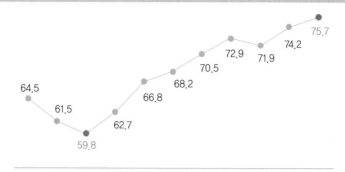

64.5

61.5

59.8

62.7

66.8

68.2

70.5

72.9

71.9

74.2

75.7

2002　2003　2004　2005　2006　2007　2008　2009　2010　2011　2012

자료: 한국은행(GDP 대비 가계부채 비율)

채무자들이 더 이상 못 버티고 연체로 들어가기 시작할 경우 그 파급력은 매우 빠를 뿐 아니라 비은행권을 넘어 은행권까지 영향권에 들게 될 것이다. 미국의 서브프라임모기지 사태는 물론 우리나라의 2002~2003년 신용카드 사태에서 경험한 것처럼 신용도가 낮은 사람들에서 시작된 부실 문제가 금융권 전반으로 확산되는 것이다. 이 과정에서 부실채권이 기하급수적으로 늘어나면서 금융회사들이 대출을 꺼리는 신용경색 현상이 발생하고, 심할 경우 금융 시스템이 마비되는 상황으로 치달을 수도 있다. 이 경우 소비 및 투자 위축으로 인해 실물경기는 물론 부동산 시장 또한 급속하게 위기로 빠져 들게 될 것이다. 이 같은 최악의 시나리오를 막기 위해 어떤 조치들이 필요할 것인가?

05 •••
우리나라 가계부채의 연착륙 방안

　유럽 재정위기에서 보는 것처럼 개인이나 정부나 한 번 부채가 쌓이기 시작하면 벗어나기가 쉽지 않다. 오죽하면 부채(빚)의 늪에 빠져서 허우적거린다는 말이 나왔겠는가? 지난 십수년에 걸쳐 쌓여온 우리나라 가계부채도 녹록치 않은 문제라는데 대부분 동의할 것이다. 그리스와 스페인 등 남유럽 국가들처럼 자체적으로 손쉬운 탈출구나 해결책을 찾기가 어려운 상황이기 때문이다.

　가계부채를 해결하기 위한 방안으로는 크게 4가지를 생각해볼 수 있다. 첫 번째는 허리띠를 졸라매면서 소비를 대폭 줄여 부채를 우선적으로 갚아나가는 것이고, 두 번째는 가지고 있는 자산 중 일부 또는 전부를 처분해 부채를 갚는 것이다. 세 번째는 추가적인 부채를 일으키지 않거나 최소한으로 가져가는 가운데 고용과 소득이 빠른 속도로 늘어나는 것이다. 마지막 네 번째는 개인 워크아웃이나 개인 회생제도를 신청해 부채와 이자를 일부 면제받으면서 상환기간을 연장하거나 아예 파산을 통해 부채 상환의무를 소멸시키는 방식이다. 하지만 이는 상당기간 연체를 거친 마지막 수단인 데다 웬만한 결심으로는 쉽지 않은 선택이라고 할 수 있다.

최근과 같은 상황에서 처음 3가지 방안 또한 쉬운 방안이 아니다. 고용과 소득이 잘 늘어나지 않고 있는 데다 이미 소비는 줄일 대로 줄인 상황이기 때문이다. 가지고 있는 예금 등이 있다면 진작 빚을 갚는데 사용했을 것이고, 한 채 밖에 없는 집을 팔려고 해도 아예 보러오는 사람도 없다. 전세금이 급등하면서 전세금을 줄이기 위해 이사를 가는 것도 쉬운 일이 아니다.

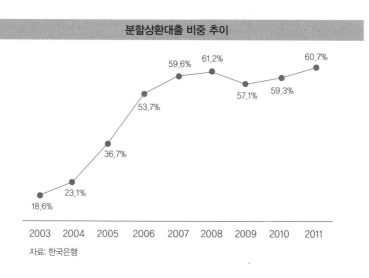

분할상환대출 비중 추이

59.6%   61.2%   60.7%
53.7%   57.1%   59.3%
36.7%
23.1%
18.6%

2003   2004   2005   2006   2007   2008   2009   2010   2011

자료: 한국은행

이에 따라 과도한 가계부채가 우리 경제의 시한폭탄 또는 향후 경기회복의 걸림돌이 될 것이라는 우려가 쏟아져 나오고 있다. 이 같은 우려가 현실화되지 않도록 하기 위해서는 4가지 방안들이 가급적 빠른 시일 내에 실행되어야 할 것이다. 빵빵하게 바람이 들어 터지기 직전에 있는 풍선이라고 할 수 있는 가계부채를 어떻게든 터지지 않도록 하면서 바람을 조금씩 뺄 수 있는 방안, 즉 연착륙 방안을 만들어내야 하는 것이다.

우선적으로 생각할 수 있는 조치는 대출기간 만료로 원금을 일시상환해야 하거나 거치기간이 끝나 원리금 분할상환으로 들어가는 대출에 대해 범금융권 차원에서 특단의 조치를 취하는 것이다. 원금 일시상환의 경우 적어도 1~2년 정도의 거치기간을 준 후 원리금 분할상환하는 방식으로 전환해야 할 것이다. 또한 거치기간이 끝나 원리금을 분할상환해야 하는 경우에도 차입자가 원할 경우 원리금 분할상환 시기를 적어도 1~2년 유예해주는 것이다. 이 때 비록 낮은 신용등급자라고 하더라도 그간 꼬박꼬박 이자를 잘 내는 등 일정조건을 갖추고 있을 경우 신용등급에 구애받지 말고 혜택을 부여해야 할 것이다.

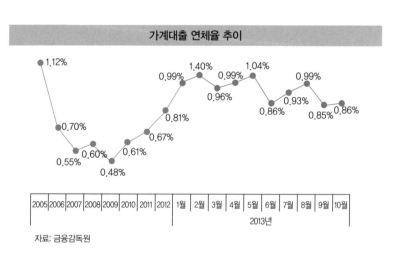

가계대출 연체율 추이

자료: 금융감독원

두 번째는 은행권이 과도하게 가계대출을 줄여나가지 않는 동시에 성실한 차입자에 대한 보상과 인센티브 제도를 적극적으로 도입해야 할 것이다. 은행권이 대출을 조이면 돈을 빌릴 수 없게 된 사람들이 금리가 크게 높은 비은행권이나 대부업체 또는 사채私債로 몰리는 이른바 '풍선효과'가 나타나면서 이자부담 등 이중고를 겪게 될 것이다. 따라서 신용등급이 낮더라도 지난 수년 간 연체 등이 없이 은행거래를 잘 해왔다면 앞서 언급한 것처럼 원금 상환시기를 조절해주는 동시에 일정 부분 금리를 깎아주는 것도 고려해야 할 것이다. 외환위기 이후 국민의 세금으로 살아난 은행들이 이번에는 어려움에 처한 서민들에게 도움의 손을 내밀어야 하는 것이 아닐까?

세 번째는 부동산 거래를 활성화시킴으로써 하우스푸어 등 코너에 몰린 가계가 부동산을 구조조정할 수 있는 기회를 주는 것이다. 집을 팔아 부채를 정리하고 싶어도 집이 팔리지 않아 이러지도 저러지도 못하는 서울을 포함한 수도권 가계들에게 탈출구를 만들어주는 것이다. 특히 2012년 2.0%에 이어 2013년 2.8%에 그쳤던 성장률이 2014년에는 3%대 중후반대까지 올라갈 전망이다. 여기다 2013년 12월 10일 취득세 영구인하와 리모델링 시 수직증축을 허용하는 법안이 국회를 통과하면서 최근 들어 호전 조짐을 보이고 있는 수도권 부동산 시장에 긍정적 영향을 미칠 것이라는 기대가 높아지고 있다. 정부는 이 같은 불씨가 꺼지지 않도록 앞으로도 계속 부동산 거래 활성화 대책을 내놓아야 할 것이다. 부동산 거래 활성화가 부동산 가격 상승으로 이어질 것이라는 우려가 없는 것은 아니다. 하지만 어느 정도의 부동산 가격 상승은 '자산효과wealth efeect' 등을 통해 소비와 투자 등 우리 경제의 활성화에도 크게 기여할 것이라는 점에서 구더기 무서워서 장 못 담그는 일은 없어야 할 것이다.

네 번째는 주택연금과 농지연금을 활성화하는 일이다. 현재 주택연금의 경우 9억원 이하의 주택을 소유한 사람이 만 60세 이상이거나 부부 공동명의의 경우 연장자가 만 60세이면 가입이 가능하다. 2013년 6월부터 1년 간 한시적으로 실시하고 있는 '사전가입 주택연금(다만 주택가격은 6억원 이하)'은 과도한 주택담보대출로 어려움을 겪고 있는 만 50세 이상의 은퇴자와 하우스푸어를 대상으로 실시하고 있다. 이 때 해당주택의 선순위 근저당권을 말소하고 주택금융공사가 설정한 근저당권이 1순위가 되도록 하면 된다. 이외에도 정부가 다주택자 등으로 대상주택을 확대하고 초기보증료를 인하할 계획을 가지고 있으므로 이에 대한 적극적 추진과 대국민홍보가 필요하다.

다섯 번째는 개인 워크아웃과 개인 회생제도 등과 같은 채무조정 제도의 개선과 대국민홍보를 통해 이들 구제제도의 문턱을 낮춰나가야 할 것이다. 아무리 좋은 제도라고 하더라도 이용자가 적으면 무용지물이기 때문이다. 특히 모럴해저드를 최소화하는 범위 내에서 저소득·고령층·다중채무자 등 취약계층들이 부채의 늪에서 빠져나올 수 있도록 길을 터줘야 한다. 이를 위해 신용회복위원회의 개인채무조정과 사전채무조정, 신용회복기금의 채무조정제도 등을 확대하는 동시에 국민행복기금을 이용한 채무조정과 전환대출사업의 확대와 효율적 운용이 요구된다. 또한 연체율이 급등하고 있는 미소금융과 햇살론 등은 일부 전문가들이 주장하는 대로 대출금리를 적정 수준으로 올리는 동시에 기금을 확대함으로써 저소득 · 저신용 서민층에 대한 지속가능한 생계형 서민금융으로 자리잡도록 만들어나가야 할 것이다.

여섯 번째는 각 금융기관과 가계 · 기업들의 리스크 관리 강화이다. 1997년 말 외환위기 이후 2003~2004년 신용위기, 2008년 글로벌 금융위기, 2011년 유럽 재정위기 등 위기가 이어지면서 국가 차원은 물론 금융회사 · 기업 및 가계의 리스크 관리 중요성이 갈수록 커지고 있다. 가계나 기업은 물론 금융회사와 국가 역시 리스크 관리를 잘못하면 파산하는 것이다. 하지만 아직도 일부 경제주체들은 리스크 관리를 소홀히 하고 있다는 것이 일반적 인식이다. 이를 위해 금융감독 당국의 가계대출에 대한 금융권별, 금융회사별 건전성 감독 및 위험관리도 뒷받침되어야 할 것이다.

마지막 일곱 번째는 거시적 측면에서 소득 증가와 일자리 창출을 위한 전방위적 노력이다. 정부와 한국은행이 2014년 성장률 3% 중후반대에 만족할 것이 아니라 보다 적극적으로 경기부양에 나서야 할 것이다. 2014년 성장을 수출 증가에만 의존할 것이 아니라 국내 소비와 투자는 물론 부동산 경기 활성화 등을 노리는 재정지출과 한국은행의 금리인하와 통화공급 확대도 고려해야 할 것이다. 경기활성화와 일자리 창출은 단기적 처방은 아니지만 부채 상환 또는 축소를 위한 가장 확실한 처방이다. 소득 대비 부채 비중이 낮아지기 시작한다면 소비는 물론 전체 경제도 선순환으로 진입할 수 있기 때문이다.

06 ...
지표경기보다 체감경기가 나쁜 이유

2013년 3분기(6~9월) 우리나라의 국내총생산GDP 성장률이 예상보다 좋은 것으로 발표됐다. 2분기까지 9분기 연속 0%대를 벗어나지 못하던 전기 대비 성장률이 1.1%를 기록하면서 전년 동기 대비 성장률도 3.3%로 7분기 만에 1~2%대를 벗어났다. 정부를 포함한 낙관적 예측기관에서는 이 같은 추세가 이어지면서 2014년에는 성장률이 3% 중후반까지 올라갈 것이라는 전망을 내놓고 있다. 2012년 2.0% 성장에서 2013년 2.8%(추정치)에 이어 2014년에는 3% 중후반대까지 높아진다면 그런 대로 괜찮은 흐름이라고 할 수 있다. 이와 함께 취업자가 1년 전 대비 40만 명 이상 증가하면서 실업률이 2.7%로 주요국 중에서 가장 낮은 수준을 유지하고 있다. 여기다 2013년 10월 수출은 사상 처음으로 월간 기준 500억 달러를 넘어서는 등 어려운 여건에서도 선전을 계속하고 있다.

하지만 일반 국민들에게 최근 들어 경기가 좋아지는 것을 느끼느냐고 물으면 대다수는 머리를 가로저을 것이다. 성장률이 올라가고, 취업자 수가 늘어나고, 수출이 사상 최대를 기록하고 있는 데도 일반 국민들이 체감하지 못하는 이유를 어디에서 찾을 수 있을까?

가장 먼저 우리 경제가 급속하게 저성장 기조로 진입하면서 일반 국민들이 적응을 제대로 하지 못하고 있다는 점을 들 수 있다. 우리 경제는 불과 20여 년 전만 하더라도 6~7%대 성장을 했고, 2000년 대 들어서도 4%대 성장을 유지했다. 하지만 2008년 글로벌 금융위기 이후 체력이 급격히 떨어지면서 3% 성장하기도 어려운 상황이 이어지고 있다. 못해도 3~4%대는 성장해야 할 것 같은데 2%대 성장이 2013년까지 2년 연속 이어지면서 소득은 물론 마음도 잔뜩 움츠러들고 있는 것이다. 2인 이상 가구의 실질소비지출(통계청)이 2012년 3분기 이후 2013년 2분기까지 4분기 연속 전년 동기 대비 마이너스를 기

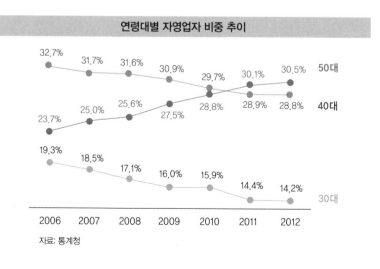

연령대별 자영업자 비중 추이

50대: 32.7% 31.7% 31.6% 30.9% 29.7% 30.1% 30.5%
40대: 23.7% 25.0% 25.6% 27.5% 28.8% 28.9% 28.8%
30대: 19.3% 18.5% 17.1% 16.0% 15.9% 14.4% 14.2%

2006 2007 2008 2009 2010 2011 2012

자료: 통계청

록하고 있는 것만 봐도 국민들의 심리가 얼마나 얼어붙고 있는가를 잘 알 수 있다.

두 번째는 고용이 늘어나고 있다지만 단기 또는 비정규직, 고령층 근로자 위주로 늘어나면서 소득개선 효과는 미미하다는 지적이다. 실제로 통계청에 따르면 2012년에만 해도 7%대를 유지했던 2인 이상 가구의 근로소득(명목) 증가율이 2013년 들어서는 2~3%대에 그치고 있다. 자영업자들의 소득을 보여주는 사업소득(명목) 증가율은 2010년(7.7%), 2011년(4.5%)에서 2012년 1.6%에 이어 2013년에는 1분기, 2분기에 각각 0.1%, 1.1%로 급격하게 낮아지고 있다. 뿐만 아니라 베이비부머들의 은퇴가 본격화되면서 자영업자 중 50대 비중이 30%를 넘어서는 등 영세자영업자의 증가는 가계소득의 불안정성을 높이고 있다. 또한 전체 실업률은 2013년 9월 2.7%로 1년 전 대비 0.2%포인트 하락한 반면 청년층 실업률은 7.7%로 오히려 1.0%포인트 상승하고 있다.

이처럼 소득과 고용이 시원찮은 가운데 늘어나기 쉬운 것이 부채일 것이다. 글로벌 금융위기 이후 미국 등 주요 선진국들은 부채를 축소de-leverage하는 정책기조로 돌아섰다. 반면 우리나라는 내수 진작 및 주택시장 활성화 정책, 자영업자 급증 등의 영향으로 가계부채 증가율이 소득 증가율을 웃도는 흐름이 계속되고 있다. 이에 따라 국내총생산GDP 대비 가계부채 비율이 2007년 68.2%에서 2012년에는 75.7%까지 높아졌다. 특히 경제협력개발기구OECD에 따르면 가계부문의 원리금 상환 능력을 보여주는 개인가처분소득 대비 가계부채

가계소득 대비 가처분소득 및 비소비지출 비율 추이 (단위: %)

83.0 82.8 82.9 82.5 82.3 82.2 81.7 81.4 81.2 81.4 81.1

17.0 17.2 17.1 17.5 17.7 17.8 18.3 18.6 18.8 18.6 18.9

2003 2004 2005 2006 2007 2008 2009 2010 2011 2012 2013

▭ 비소비지출 비율 ─○─ 가처분소득 비율

자료: 통계청(2013년은 1, 2분기 평균)

비율은 156.3%(2011년)로 주요국 중 가장 높은 수준이다. 대출금리가 낮아졌다고는 하지만 가계부채 규모 자체가 커지면서 이자 및 원금 상환 부담이 커질 수밖에 없는 구조적 문제를 안고 있는 것이다.

네 번째 요인으로는 이 같은 이자비용에다 세금, 공적연금, 사회보험료 등 비소비지출이 소득보다 빠르게 늘어나고 있다는 점을 들 수 있다. 가계소득에서 비소비지출이 차지하는 비중을 보면 2003년 17.0%에서 2013년 상반기에는 18.9%로 높아졌다. 비소비지출 비중이 높아진다는 것은 어쩔 수 없이 지출해야 하는 부분이 커지는 것이므로 그만큼 가계의 소비여력이 줄어들고 있다는 것이다. 이외에도 사교육비 등 교육비와 고령화에 따른 의료비 지출이 늘어나고 있는 것도 중산층 가계에 큰 부담으로 작용하고 있다.

다섯 번째로는 해외소비가 국내소비보다 빠른 속도로 늘어나고 있다는 점이다. 해외소비는 국내소비의 대체재로서 국내 경기에 도움이 되지 않는다고 할 수 있는 부분이다. 한국은행에 따르면 2012년 한 해 국내소비는 653.2조원으로 전년 대비 3.8% 증가하는데 그친 반면, 해외소비는 22.4조원으로 전년대비 8.5% 급증했다. 2013년 상반기 중에도 국내소비는 2.5% 늘어났지만 해외소비는 4.2%나 증가했다. 해외소비는 아직 국내소비의 3.4% 수준으로 비중은 작지만 문제는 높은 증가율이다. 한국은행의 분석에 따르면 해외소비가 10% 증가하면 국내소비와 소득은 각각 0.6%, 0.3%씩 감소하는 것으로 나타나고 있다. 해외소비가 늘어나면서 국내소비와 소득은 줄어들고 있다면 체감경기는 자연히 나빠질 수밖에 없을 것이다.

마지막으로는 주식과 부동산 또한 일반 국민들에게 도움이 안 되고 있다는 점이다. 특히 수도권지역 부동산 가격의 지속적인 하락 및 전월세 가격의 상승은 소비심리는 물론 실제소비에도 무시할 수 없는 악영향을 미치고 있다고 볼 수 있다. 부동산 가격의 지속적인 하락과 비관적 전망이 '부富의 효과wealth effect'가 역으로 나타나면서 간접적으로 소비를 위축시킨다면 전월세 가격의 상승은 직접적으로 소비를 위축시키는 요인이 되고 있다. 또한 최근 들어 주가가 오르고 있지만 수익을 올린 개인투자자들은 거의 없다는 분석이다. 주가가 오르기 시작한 2013년 8월 중순 이후 11월 초까지 개인투자자들의 순매수 상위 10개 종목 중 주가가 오른 것은 하나도 없는 것으로 나타났다. 뿐만 아니라 순매수 상위 10개 종목의 평균수익률은 무려 -12%에 달해 개인투자자들이 큰 손해를 보고 있다. 부동산과 마찬가지로 주식도 부의 효과가 역으로 나타나는 역할을 하고 있는 것이다.

노후 불안심리의 확산과 일본형 소비불황

고령화의 급속한 진전에 따른 은퇴 인구의 증가와 노후 불안심리의 확산이 소비에 미치는 악영향도 간과할 수 없는 부분이다. 통계청의 가계금융복지조사(2012년)에 따르면 아직 은퇴하지 않은 가구의 가구주와 배우자의 54.4%가 노후준비가 제대로 되어 있지 못하다고 답한 것으로 나타났다. 노후 준비가 전혀 안 된 가구가 20.6%, 잘 되지 않은 가구가 33.8%였다. 반면 노후 준비가 잘 된 가구는 7.3%, 아주 잘 된 가구는 1.7%에 불과했다. 은퇴를 앞두고 있는 10가구 중 1가구 정도만이 은퇴 준비가 잘 돼 있다고 자신 있게 말하고 있는 셈이다.

우리나라의 노후 빈곤율은 45.1%(2010년 기준)로 경제협력개발기구OECD 회원국 중에서 가장 높은 수준이다. 2013년 4월 정년연장법의 통과로 2016년부터 정년이 60세로 법제화되었지만 우리나라의 평균 은퇴연령은 현재 53~54세로 주요국에 비해 7~10년 이상 빠른 편이다. 반면 평균수명은 81세를 넘어서고 있다. 이런 상황에서 은퇴하지 않은 국민들도 은퇴 준비가 안 돼 있다면서 스스로 불안해한다면 마음도 소비도 위축될 수밖에 없다. 통계청의 연령대별 자료에서 50대의 평균소비성향, 즉 가처분소득 중 소비지출이 차지하는 비율이 69.5%로 가장 낮게 나타나는 이유도 이 같은 은퇴 및 노후 불안심리에서 찾을 수 있을 것이다.

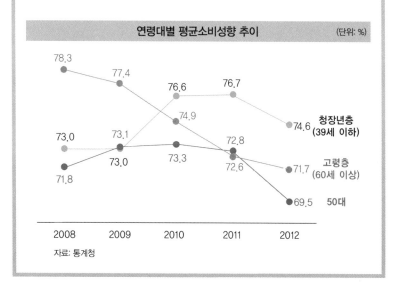

연령대별 평균소비성향 추이 (단위: %)

자료: 통계청

또한 2008년에만 해도 60세 이상 고령인구의 평균소비성향은 78.3%에 달하면서 39세 이하 청장년층의 73.0%보다 높았었다. 하지만 이후 급격하게 낮아지면서 2012년에는 71.7%로 청장년층의 평균소비성향 74.6%에 역전당하고 있다.

일본의 경우 60세 이상 고령인구가 총저축액의 65.7%(총무성 2012년 가계조사보고)를 보유하고 있다. 우리나라의 경우 정확한 통계는 없지만 60세 이상 고령인구가 적어도 50% 이상의 저축을 가지고 있는 것으로 추정하고 있다. 앞으로 고령화가 진전될수록 일본처럼 고령인구의 저축비중과 소비여력은 급격하게 늘어날 것이다. 하지만 노후 불안심리가 확산될 경우 이들의 소비가 위축되면서 우리 경제 전체가 일본형 소비불황에 빠질 가능성도 배제할 수 없다고 할 수 있다.

07

한국 경제의 디플레이션 진입 가능성

　최근 글로벌 경제는 인플레이션에 대한 우려와 디플레이션에 대한 우려가 공존하고 있다. 인플레이션에 대한 우려는 미국과 유럽, 일본 등 선진국 중앙은행들이 2008년 글로벌 금융위기에 이은 유럽 재정 위기를 극복하기 위해 엄청나게 많은 돈을 풀었기 때문이다. 만약 미국과 중국, 즉 G2 경제의 반등으로 국제유가에 대한 수요가 늘어나는 가운데 기후변화에 따른 농작물 공급 부족에 따른 농산물 가격의 급등이 겹칠 경우 풀린 돈이 인플레이션 압력으로 나타날 것으로 보는 것이다.

　반면 디플레이션에 대한 우려도 만만치 않다. 이미 디플레이션으로 진입한 일본은 새로 들어선 아베 총리가 경제정책의 최대목표를 디플레이션 극복에 두고 있을 정도이다. 일본의 디플레이션은 사실 물가가 지속적으로 하락하는 순수한 의미에서의 디플레이션에다 경제가 장기적으로 침체를 벗어나지 못하는 두 가지가 합쳐진 악성 디플레이션 또는 장기복합불황이라고 할 수 있다. 현재로서는 유로존(유로를 공동 통화로 사용하는 17개국)이 디플레이션에 빠질 가능성이 높다는 주장이 제기되고 있다. 그러나 대다수 전문가들은 유로존 전체가 디플레이션으로 빠져들지는 않을 것으로 보고 있다. 다만 그리스와 스페인, 이탈리아 등 남유럽 국가들의 경우 디플레이션으로 빠져들 가능성이 그 어떤 나라보다 높다고 할 수 있다.

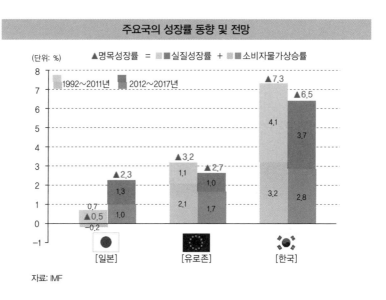

주요국의 성장률 동향 및 전망

(단위: %) ▲명목성장률 = ■실질성장률 + ■소비자물가상승률

자료: IMF

우리나라는 어떤가? 우리나라 또한 유로존 못지않게 일본이 장기불황으로 빠져든 요인을 다분히 가지고 있다. 특히 부동산 버블의 붕괴와 과도한 가계부채, 최근 계속되고 있는 원화 가치의 상승(대미 달러 환율의 하락), 글로벌화와 로컬화를 기치로 해외로 진출하고 있는 국내 대표기업들, 고령화 및 저출산으로 인한 경제활동인구 비중의

감소, 비정규직 증가 등 고용불안의 확대와 그로 인한 내수부진 등에서 정도의 차이만 있을 뿐 메가트렌드는 엇비슷하게 가고 있다.

그러나 우리나라는 일본이나 유로존에 비해 정부재정이 건전할 뿐 아니라 대미 달러 환율이 하락하고 있지만 글로벌 금융위기 이전인 2007년에는 달러당 900원 초반대까지 내려간 적도 있다. 또한 아직은 산업공동화가 일본처럼 심각한 수준은 아니며, 고령화 정도는 일본에 비해서는 20년 정도 여유가 있다. 중앙은행의 기준금리에서도 한국은행의 기준금리는 2.5%로 아직 더 내릴 여유가 있다.

또 한 가지 짚고 넘어갈 부분은 우리나라는 일본과 달리 수입의존도가 크게 높다는 점이다. 2011년 우리나라의 수입의존도(수입액/명목 GDP)는 47.0%인데 반해 일본의 수입의존도는 14.9%로 낮았다. 특히 원유수입이 명목 국내총생산GDP에서 차지하는 비중을 보면 우리나라는 9.0%인데 비해 일본은 3.1%로 우리나라의 3분의 1에 불과하다. 이는 곧 국제원자재 가격이 오르게 되면 우리나라 국내 물가가 받는 충격이 일본에 비해 무려 3배나 크다고 볼 수 있다. 일본의 경우 국제유가가 오르더라도 그로 인한 국내적 충격이 상대적으로 적은 반면 우리나라는 곧바로 국내 물가 상승압력으로 작용하고 있는 것이다. 따라서 우리나라는 국내적으로 물가하락 요인이 있다고 하더라도 2008년처럼 국제원자새 가격이 급등할 경우 국내 물가 또한 급등세로 나타날 것이다.

정치적 리더십에서도 우리나라는 일본과 크게 다르다. 일본의 경우 버블 붕괴 이후 최근까지 총리가 16번이나 바뀌면서 평균재임기간이 18개월도 채 안 된다. 언제 물러날지도 모르는 임기 18개월짜리 총리가 경제를 살리기 위해 할 수 있는 일이 얼마나 될 것인가? 또한 어떻게 정책의 일관성을 살릴 수 있을 것인가? 우리나라는 5년 임기의 대통령제여서 이 부분에서 일본에 비해 크게 유리하다는 점을 일본의 경제전문가들도 인정하고 있다.

결론적으로 우리 경제가 일본식의 장기복합불황 또는 디플레이션으로 진입할 가능성은 매우 낮다고 할 수 있다. 그러나 일본식의 메가트렌드를 따라가고 있을 뿐 아니라 앞으로 그 차이와 시차는 점점 더 줄어들고 있다. 디플레이션은 아니라고 하더라도 우리나라도 성장률(저성장)이 낮아지는 가운데 저물가·저금리·저자산 가치·저고용과 함께 고령화와 고소득화가 빠르게 진행되는 '5저低 2고高 현상'을 이미 상당 부분 겪고 있을 뿐 아니라 갈수록 심화될 가능성이 높아지고 있다. 이제 우리 경제와 정부는 물론 기업과 개인들도 5저 2고 시대의 파고를 어떻게 넘을 것인가를 고민해야 할 때이다.

절벽에 선 한국 경제

송희영 지음 | 21세기북스

요즘 절벽이 유행이다. 미국 경제는 그간의 걸림돌이던 재정절벽을 간신히 피했다. 하지만 재정지출이 급격하게 줄어드는 것을 2개월 연기한 미봉책인 데다 정부 부채 한도를 늘려야 하는 부채절벽이 기다리고 있다. 하나를 간신히 피했더니 또 다른 절벽이 나타난 셈이다.

한국 경제 또한 절벽에 서 있다는 책이 나왔다. 이번에는 절벽이 무려 44개나 된다. 송희영 조선일보 논설주간이 한국 경제가 앞으로 풀어가야 할 숙제들을 30년 경제전문기자의 경험과 시각으로 짚어낸 것이다. 다행인 것은 절벽마다 이름을 붙여주면서 절벽을 피할 수 있는 방안 또는 정면 돌파에 필요한 낙하산의 종류와 크기 등을 조목조목 제시해주고 있다는 점이다.

"한국은 앞으로 뭘 먹고 사느냐"고 장탄식을 하는 사람들에게 저자는 일본의 하이테크 기술, 중국의 개방정신과 시장개척, 미국의 금융과 대학교육 산업을 더 배우고 활용하는 성장전략을 세워야 한다고 말한다. 지금까지 성장하는데 도움을 준 스승과 이웃들로부터 아직도 더 배울 것이 많다는 주장이다. 아울러 선진기술을 때로는 모방하거나 훔칠 수도 있지만 최종 승부는 독자 개발한 기술이 결정짓는다는 말도 빼놓지 않는다. 초등학교 때부터 기술교육을 받은 우수한 젊은이들이 시장개척, 신기술 개발에 몸을 던져야 한다는 것이다. 그러나 젊은이들이 너도나도 공무원 시험에 올인하고 있는 최근의 상황은 우려를 넘어 망국으로 가는 징조라고 쏘아 붙이고 있다.

무엇보다 가슴에 와 닿은 것은 한국 경제가 지난 65년 간 지켜온 '성공의 법칙'과 '분배의 공식'을 바꿔야 한다는 주장이다. 성공 신화에 안주해온 한국 경제가 획기적으로 틀을 바꾸지 않으면 더 이상 성장할 수 없다는 것이다. 이를 위해 재벌 개혁은 물론 금융산업의 글로벌 경쟁력 강화, 노조와 정규직의 기득권 포기와 비정규직 문제, 정년 폐지와 청년 고용, 정부 조직 개편과 공무원 특혜 폐지, 서비스업 성장전략, 기업화를 통한 농업 혁명 등이 필요하다는 것이다.

그렇다고 한국 경제의 부정적인 면만 들추는 것은 아니다. 한 번 성공의 역사를 써본 국민은 또 한 번 성공의 역사를 쓸 수 있는 잠재능력을 갖추고 있다는 게 저자의 믿음이다. 최근 성장률 하락과 인구 고령화, 글로벌 경제 불황 등 내우외환을 겪고 있는 한국 경제이지만 마침 새로 들어서는 정부가 갈 길을 모색하고 대안을 만들어내야 한다는 것이다.

이에 따라 새 정부에 대한 조언도 이곳저곳에서 찾아볼 수 있다. "진짜 경제대통령으로 성공하고 싶다면 한국 경제에 대한 기초적인 인식부터 정확해야 한다. 인구 구조 변화를 알아야 하고, 한국 경제의 변곡점이 언제였고, 세계 경제의 흐름에 대한 상식을 가지고 있어야 한다." "대통령이 진짜 경제를 챙겨보겠다면 비서진부터 잘 짜야 한다. 경제수석에 학자를 임명하든 관료를 임명하든 상관없다. 경제수석이나 정책을 지휘할 책임자는 이론가보다는 실천가여야 한다." 일반 국민과 기업인들은 물론 박근혜 당선인과 대통령직 인수위원회 위원들이 이 책을 꼭 읽어야 하는 이유이다.

08 • • •
미국의 테이퍼링tapering과
우리 경제의 대응

벤 버냉키 의장의 결자해지結者解之. 2013년 12월 18일 미국의 중앙은행인 연방준비제도이사회FRB가 전격적으로 양적완화 규모를 축소하는 테이퍼링tapering으로 돌입하자 국내외 주요언론들이 내놓은 평가였다. 버냉키 의장이 2014년 1월 말에 물러나고 재닛 옐런 신임의장이 2월에 취임한 후 3월 정기회의에 가야 테이퍼링을 시작할 것이라는 게 대다수 전문가들의 견해였다.

버냉키 의장은 2006년 취임한 이후 글로벌 금융위기를 극복하느라 대부분의 임기를 보냈다. 2007년 초부터 서브프라임모기지에서 부실문제가 발생하더니 급기야 2008년에는 미국을 넘어 글로벌 금융위기로까지 확산되었다. 위기를 맞은 버냉키 의장은 금리를 제로 수준까지 낮추다 못해 양적완화라는 비교과서적·비전통적 수단까지 동원했다. '헬리콥터 벤'이라는 별명에 걸맞게 3차에 걸친 양적완화를 통해 총 3조 5,000억 달러가 넘는 돈을 시중에 풀었다. 2013년 한

해 동안 우리나라 기업과 국민들이 생산해낸 부가가치의 합계인 국내총생산GDP이 1조 2,000억 달러 안팎이다. 세계 15위 규모인 우리나라 GDP의 무려 3배가 넘는 달러를 찍어낸 것이다.

그나마 다행인 것은 이 같은 금리인하와 양적완화에 힘입어 미국 경제의 회복이 가속되고 있다는 점이다. 미국의 성장률이 2013년 2.2~2.3%에서 2014년에는 3% 안팎까지 올라가면서 실업률은 현재의 7.0%에서 2014년에는 6% 초중반대까지 떨어질 것이라는 전망이다. 이 같은 낙관적 전망에 힘입어 버냉키 의장이 그간 인공호흡기 역할을 해오던 양적완화를 줄이는 첫 발을 내디뎌준 것이다.

하지만 진짜 시작은 지금부터라고 할 수 있다. 미국 경제가 회복가도를 달릴 수 있도록 어떤 경로와 속도로 양적완화 규모를 축소해 갈 것이며, 이어서 기준금리를 언제쯤 어떤 속도로 올려갈 것인가가 옐런 신임의장의 능력과 리더십에 달려 있는 것이다. 옐런에 대한 오바마 행정부와 의회, 경제학자들의 신뢰는 대단하다. 사실 오바마 대통령은 후임의장으로 클린턴 행정부의 재무장관과 하버드대 총장을 지낸 래리 서머스를 염두에 두고 있었다. 그러나 노벨 경제학상 수상자를 포함한 경제학자 350명이 옐런 부의장을 지지하는 공동서한을 오바마 대통령에게 보냈다. 경제학자들은 옐런이 2005년 미국 부동산 시장의 붕괴 가능성을 정확히 예측했을 뿐 아니라 고용 창출에 확고한 신념을 가지고 있다면서 미국의 번영을 위해 현명한 결정을 할 것으로 믿어 의심치 않는다고 강조했다. 결국 서머스 교수가 후보에서 사퇴하면서 옐런 부의장이 지명을 받았고, 상원 인준과정도 무난히 통과했다. 하기야 동료학자들의 신뢰와 존경을 받는 능력 있는 경제학자라면 무엇을 더 바랄 것인가.

　문제는 옐런 신임의장의 리더십, 즉 금리와 양적완화 등을 결정하는 FRB 내 최고의사결정기구인 연방공개시장위원회FOMC를 여하히 조율하면서 자신이 원하는 방향으로 이끌고 갈 수 있을까 하는 부분이다. FOMC는 의장과 부의장을 포함하는 7명의 FRB 이사와 5명의 지역연방준비은행 총재 등 총 12명이 투표권을 행사한다. 이 같은 FOMC 구성에 2014년에는 난기류가 감지되고 있다. 물가안정보다 경제성장과 고용창출을 우선시하는 온건파인 비둘기파들이 대거 물러나는 대신 매파들이 새로운 투표위원으로 입성하기 때문이다. 매파들은 물가안정을 중요시하면서 과도하게 풀린 달러가 인플레이션 등 각종 부작용을 일으키기 전에 가급적 빨리 양적완화를 축소·중단하고 적절한 시기에 금리도 인상해야 한다고 주장한다. 백악관에서 열린 의장 지명자 발표 석상에서 옐런이 "회의에서는 활발한 토론이 필요하지만 그 이후에는 통일된 목소리가 나와야 한다"고 강조한 것도 높아질 매파의 목소리를 염두에 두었기 때문일 것이다.

　학창시절부터 동료들로부터 한 수 위로 평가받으면서도 절대로 자신을 드러내는 법이 없었다는 옐런 신임의장. 파이낸셜타임스는 "그를 아는 모든 사람들이 한 가지 동의하는 것은 옐런이 특이할 정도로 상냥하고 품위 있다는 점"이라고 평했다. 동시에 '매보다 더 날카로운 예측력을 가진 비둘기'라는 게 월스트리트저널의 평가이다. FRB 100년 역사상 첫 여성의장으로 취임하는 옐런이 전문성과 경험을 바탕으로 매파의 목소리가 높아질 FOMC도 자신이 원하는 방향으로 무난히 이끌어갈 것이라는 게 그를 아는 사람들의 기대이다.

그렇다면 옐런 신임의장의 행보, 즉 양적완화 축소의 속도를 어떻게 전망할 수 있을까? 지금까지 보여준 성품대로라면 옐런은 너무 느리지 않느냐는 비판을 받을 정도로 매우 신중하게 양적완화 축소를 단계적으로 실시해나갈 것이다. 특히 버냉키 의장이 언급한 대로 경제 상황에 따라 양적완화 규모를 다시 늘리는 조치도 불사할 것이다. 또한 2014년 말 실업률이 6.5%를 하회한다고 하더라도 금리 인상에 섣불리 나서지는 않을 것이다.

만약 옐런 신임의장이 예상대로 매우 신중하면서도 조심스럽게 양적완화 규모를 축소해 간다면 미국 경제는 물론 글로벌 경제, 나아가 우리 경제도 그 영향이 제한적일 것으로 볼 수 있다. 또한 미국 경제가 견실한 호조세를 이어가면서 글로벌 경제의 엔진으로 올라선다면 수출의존도가 높은 우리 경제로서는 호재 중의 호재라고 할 수 있다.

그러나 양적완화 축소에 따른 후폭풍은 여전히 세심한 모니터링과 그에 따른 대비가 필요한 부분이다. 양적완화 축소로 달러 공급이 줄어들 경우 달러 강세와 금리 상승, 달러 캐리트레이드의 회귀 등 3가지 경로를 고려해야 한다. 먼저 달러 강세는 원화와 일본 엔화에 비슷한 영향을 미치겠지만 우리 경제의 경우 경상수지 흑자가 2014년에도 지속되면서 원화 강세가 예상되는 반면, 일본은 아베노믹스의 지속으로 양적완화가 지속되면서 엔화 약세가 가속될 것이라는 전망이 우세하다. 이 경우 2013년 말에 이미 장중 1,000원선이 무너지기

미국 성장률과 실업률 추이

(단위: %)

글로벌 금융위기

실업률

성장률

2005 2006 2007 2008 2009 2010 2011 2012 2013(e) 2014(e)

자료: 미국 BLS

도 했던 원·엔 환율은 더 떨어질 것이다.

두 번째는 달러 공급 축소에 따른 미국의 금리 상승이 가져올 글로벌 금리의 상승이다. 이는 2013년 6월 버냉키 의장이 조만간 양적완화를 축소하겠다고 밝혔을 때 이미 경험한 부분이다. 앞으로 양적완화 규모가 더 축소될 경우 최근 상승세를 타고 있는 미국의 국채금리가 더 올라갈 수밖에 없을 것이고, 이에 따라 우리나라의 국채 등 시장금리도 상승세를 탈 것이다. 금리 상승은 1,000조원에 달하는 가계부채와 부동산 시장은 물론 내수경기 침체로 어려움을 겪고 있는 중소기업과 자영업자들에게 직격탄으로 작용할 것이다.

세 번째는 달러 공급이 축소되면서 그간 해외로 나갔던 달러(달러 캐리트레이드)가 미국으로 회귀하면서 외국인투자자금이 급속히 빠져나가는 부작용이다. 우리나라는 2013년 7월 이후 다른 신흥시장국들과 차별화가 되면서 오히려 외국인투자자금이 몰려들어와 주가를 끌어올렸다. 그러나 앞으로 양적완화 규모가 더 축소될 경우에도 과연 차별화를 계속 이어갈 수 있을 것인가는 다시 짚어봐야 할 것이다. 물론 경상수지 흑자 규모가 2013년 700억 달러를 넘어선 데 이어 2014년에도 450억 달러 정도로 예상되는 가운데 3,400억 달러가 넘는 외환보유액, 국내총생산GDP 대비 30%대를 유지하고 있는 국가채무, 안정적인 대외채무 등을 고려하면 차별화의 가능성은 충분하다고 할 수 있다. 그러나 위기는 전염성이 강하다는 과거의 경험과 2013년 11월 이후 외국인투자자금이 순매도를 기록하고 있다는 점에 비춰볼 때 안전지대safe haven라면서 안심해서는 안 될 것이다. 위기는 1997년 말 외환위기 때처럼 남과 다르다면서 방심할 때 오기 때문이다.

코끼리의 10년 전 악몽

태국에서는 가끔 코끼리가 사람을 밟아 죽이는 사고가 발생한다. 우발적인 사고가 대부분이겠지만 일부 동물학자들은 코끼리가 자신에게 해코지한 사람을 기억하고 있다가 앙갚음을 한 경우일 수도 있다고 주장한다. 코끼리는 수년 전에 당한 일도 잊어버리지 않을 정도로 기억력이 비상한 것으로 잘 알려져 있기 때문이다.

프린스턴대의 앨런 블라인더 교수는 미국의 중앙은행인 연방준비제도이사회 FRB 부의장으로 근무할 때인 1990년대 중반 금융시장의 행태를 다음과 같이 동물들에 비유했다.

"금융시장은 가젤의 민감함과 치타의 재빠름과 코끼리의 기억력을 가지고 있다(financial markets have the sensitivity of a gazelle, the speed of a cheetah, and the memory of an elephant." 금융시장이 위험에 대해 매우 민감할 뿐 아니라 위험이 감지될 경우 재빨리 달아나고, 또 위험의 원인을 오랫동안 잊지 않는다는 뜻이다.

코끼리의 비상한 기억력은 우리나라가 1997년 말 외환위기를 겪은 이후 잊을 만하면 되살아나고 있다. 외환위기 당시 38억 달러 수준으로 바닥을 보였던 외환보유액이 1,000억 달러를 넘어 2,000억 달러를 넘어섰는 데도 툭 하면 환율이 급등했다. 그 때마다 제2의 외환위기설이 터져 나오면서 국내 외환시장은 물론 금융시장도 흔들어댔다. 특히 2008년 미국 발 글로벌 금융위기가 터지자 달러당 930원대였던 환율이 1,500원대를 넘보기도 하면서 하루 변동폭이 무려 235원에 달하는 매우 비정상적인 변동성을 보였다. 당시 2400억 달러에 달하는, 세계 6위의 외환보유액을 가지고 있는 나라에서 달러 부족사태로 환율이 치솟은 것이었다.

2008년 글로벌 금융위기가 대공황 이후 최대의 위기라는 점도 있지만 우리나라로서는 달러 부족으로만 설명하기에는 어려운 부분이 많다고 할 수 있다. 필자의 기억으로는 외환위기를 경험한 외국인투자자들이 외환보유액에 대한 의심과 외환당국의 미덥지 않은 대응 때문이었다. 그러다보니 정부가 나서서 이런저런 대책을 내놓으면서 이러이러하다고 상황을 거듭 설명하고 강조하는 데도 백약이 무효라고 할 정도로 먹혀들지 않은 것이다. 실제로 정부와 국회가 쏟아내는 말마다 반대로 해석하고 있다. 예를 들어, 은행들이 외화자산을 팔아야 한다고 정부가 주문하면 그만큼 은행들이 달러가 없는 것으로 해석하고, 달러 모으기에 나서자고 하면 외환위기 때의 금 모으기만큼이나 사태가 심각한 것으로 받아들이는 식이다. 말이 앞선다는 비판도 바로 불신 때문일 것이다.

특히 외환당국이 외환보유액을 끌어안고 비상시에도 찔끔찔끔 사용하거나 말로만 때우려는 것을 보고는 외환보유액이 허수虛數가 아닌가 하는 의심의 눈초리를 보내는 것이다. 이처럼 불신이 도를 넘고 있는 가장 큰 이유는 국내외 투자자들은 물론 일반 국민돌도 10여 년 전 외환위기 당시 외환보유액에 대한 기억이 아직도 생생하게 남아있기 때문이다. 300억 달러라던 외환보유액이 막상 보따리를 풀어보니 당장에 쓸 수 있는 달러는 100억 달러에도 못 미치는 것으로 드러났다. 당시 FRB 의장이었던 앨런 그린스펀은 2007년에 내놓은 회고록에서 외환위기 시 한국 정부가 외환보유액을 속여 왔다는 점에 대해 분노에 가까운 감정을 표현하고 있다. 필자 또한 외환위기 당시 한국은행 워싱턴사무소에서 근무하면서 미국 재무부와 FRB 간부들의 당혹함을 넘어 괘씸죄를 온 몸으로 받은 경험을 가지고 있다.

신뢰가 없는 정책은 캄캄한 밤에 혼자서 손짓과 발짓을 보내는 것과 같다. 우리 나라의 외환보유액은 지금 3,500억 달러에 달하고 있다. 외환위기 때의 바닥과 비교하면 거의 100배나 늘어난 것이다. 규모 그 자체도 중요하지만 그보다 더 중요한 것이 신뢰다. 신뢰는 말이 아니라 행동으로, 그것도 보다 투명하고 명확한 통계와 행동으로 보여줘야 비로소 생겨나는 것이다. 지금 국민들은 'NATONo Actions, Talks Only' 정부가 아니라 'MALTMore Actions, Less Talks' 정부를 원하고 있다.

09 ●●●

이번엔 진짜 다르다

"우리는 태국과 다르다. 경제적 기초여건, 즉 이코노믹 펀더멘탈 economic fundamental에서 태국과 비교할 수 없을 정도로 튼튼하다."

1997년 말 태국 발 아시아 외환위기가 우리나라를 넘보고 있을 때 정부와 상당수 경제전문가들이 한 말이다. 하지만 4년 연속 경상수지 적자가 이어지는 가운데 300억 달러가 넘는다던 외환보유액 중에서 실제로 사용가능한 규모는 100억 달러에도 채 못 미치는 것으로 나타나면서 외환위기를 겪고 말았다. 그 와중에 1997년 중반만 해도 달러당 800원대 초중반에서 움직이던 원화 환율이 2,000원에 육박하기도 했다.

외환위기로부터 16년이 흐른 지금, 이번에는 아시아뿐 아니라 전 세계 신흥시장국들이 흔들리고 있다. 미국의 양적완화 축소 우려로 글로벌 투자자금이 신흥시장국에서 대거 이탈하기 시작했기 때문이다. 양적완화로 신흥시장국으로 몰려나갔던 달러가 미국으로 되돌아오는 과정에서 신흥시장국의 채권 및 주식시장이 급락하는 동시에 해당국 통화가치가 급락(대미 달러 환율 급등)하고 있는 것이다.

미국의 투자은행 모건스탠리는 앞으로 통화 가치가 크게 하락할 가능성이 높은 인도, 인도네시아, 터키, 남아공, 브라질 등 5개국을 '취약한 5개국Fragile 5'이라는 이름을 붙였다. 일반 소포 또는 비행기 수화물로 치면 깨지기 쉬운 물건이 들어 있어서 'Fragile'이라는 스티커를 붙이는 경우인 셈이다. 이들 F5의 가장 큰 공통점은 경상수지와 재정수지가 둘 다 큰 폭의 적자를 보이고 있다는 점이다. 또한 성장률이 둔화되고 있는 가운데 소비자물가상승률은 급등세를 보이는 스태그플레이션stagflation 상황에 진입했거나 진입할 조짐을 보이고 있다. 이런 가운데 외환보유액은 국내총생산GDP 대비 20% 미만의 낮은 수준을 유지하고 있다.

위기 가능성이 가장 높은 인도의 경우 국내총생산GDP 대비 경상적자와 재정적자 비율이 2012년에 각각 −5.1%, −8.3%를 기록했다. 성장률은 4~5%대로 10년래 가장 낮은 수준인 반면 소비자물가상승률은 2012년 9.3%에 이어 2013년에는 두 자릿수를 이어가고 있다. 외환보유액은 2012년 말 2,956억 달러로 세계 9위의 규모지만 GDP 대비로는 16.2%에 불과하다. 그나마 2013년 들어 100억 달러 이상 감소하고 있다. 이런 와중에 환율은 최근 사상 최고치인 달러당 65루피대로 치솟으면서 2012년 말 대비 20% 정도까지 급등했다.

반면 우리나라는 어떤가? 경상수지와 재정수지 모두 흑자를 유지하고 있다. 경상수지와 재정수지가 모두 흑자를 유지한 국가(2012년

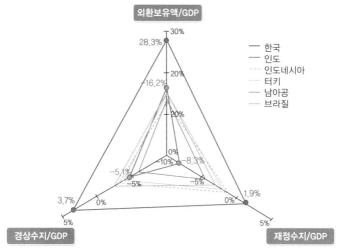

한국과 F5의 주요 지표

외환보유액/GDP

— 한국
— 인도
--- 인도네시아
— 터키
— 남아공
— 브라질

경상수지/GDP

재정수지/GDP

※ 삼각형의 크기가 클수록 경제의 안정성이 높은 것으로 판단할 수 있음
자료: IMF, 2012년 기준

IMF)는 두 통계가 모두 있는 선진국 33개국 중 4개국(독일, 한국, 싱가
포르, 스위스), 신흥시장국 35개국 중 2개국(카자흐스탄, 러시아)뿐이다.
또한 우리나라는 성장률이 2012년 2.0%에서 2013년 2% 중후반대로
회복세를 보이고 있는 가운데 소비자물가상승률은 8개월 연속 전년
동월 대비 1%대를 유지하고 있다. 여기다 외환보유액은 세계 6위 규
모인 3,264억 달러로 GDP 대비 28.3%에 달하고 있다. 외국인투자자
들의 이탈 정도를 보여주는 환율 또한 F5의 환율이 급등세를 보이는
가운데서도 달러당 1,110~1,120원 사이에서 안정적인 흐름을 보이
고 있다. 특히 주식시장에서 외국인투자자들이 순매수를 이어가면서
일각에서는 우리나라 경제의 차별화가 이뤄질 경우 이 같은 순매수

흐름이 더 강화될 것이라는 전망도 나오고 있다.

그렇다면 왜 2013년 6월 중순 미국의 출구전략 우려가 나오기 시작한 초기단계에서는 우리 주식시장이 한 주 동안 2.6%나 급락하면서 1,900선이 붕괴되었느냐 하는 의문을 제기할 수 있다. 이에 대한 필자의 답은 다음과 같다. 홍수와 같은 큰물이 갑자기 들이닥치면 처음에는 너도나도 당황해서 물살에 휩쓸려갈 수밖에 없다. 하지만 어느 정도 시간이 지나고 나서 정신을 차리게 되면 구명조끼의 유무와 효율성, 수영 및 위기관리 능력과 경험 등에 따라 개인별 차이가 나게 될 것이다. 마찬가지로 초기단계에서 우리나라의 차별화 정도가 크게 부각되지 않았다고 볼 수 있다. 하지만 이번에야말로 우리나라의 경제적 기초여건, 이코노믹 펀더멘탈이 F5는 물론 여타 신흥시장 국들과 보다 확실한 차이를 보여줄 수 있지 않을까? 다만 미국의 출구전략이 매우 조심스러우면서도 천천히 시행되어 미국을 포함한 글로벌 경제에 미치는 악영향이 제한적일 것이라는 조건이 전제되어야 할 것이다.

10 ⦿ ● ●

대한민국과 삼성의 브랜드 가치

"미디어가 갈수록 다양화되고 글로벌 초경쟁이 격화되고 있는 가운데 적절하게 관리된 브랜드가 던지는 명쾌한 메시지는 기업의 생존을 가름하는 척도가 될 것이다."

글로벌 브랜드 평가 컨설팅회사 '브랜드 파이낸스Brand Finance'의 최고경영자인 데이비드 헤이그David Haigh가 2013년 국가별 브랜드 보고서를 발표하면서 한 말이다. 그러면서 국가 또한 기업 못지않게 브랜드 가치가 중요해지고 있다는 점을 강조했다.

브랜드 파이낸스는 자체적으로 작성한 BSIBrand Strength Index(브랜드력 지수)에다 각종 관련 통계와 전망치 및 전문가 진단 등을 종합해서 국가별 브랜드 가치를 산출하고 있다. BSI는 각국의 투자, 관광, 생산, 인력 등 4가지 분야를 대상으로 투입량과 산출량 등을 평가하는 지수로서 노동인구와 외국인 투자유치 능력, 삶의 질, GDP 성장률 등을 반영하고 있다.

브랜드 파이낸스의 2013년 평가에 따르면 미국이 브랜드 가치 17조 9,900억 달러(1경 9,327조원)로 압도적 1위를 차지했고, 그 뒤를 중국과 독일이 각각 6조 1,090억 달러와 4조 20억 달러로 2~3위를 차지했다. 2012년 5위였던 영국은 일본을 제치면서 4위로 올라섰고, 일본은 5위로 내려앉았다.

이 대목에서 필자는 주요국의 GDP 규모 및 순위와 브랜드 가치의 절대 수준과 순위를 비교해 보면 재미있는 결과를 보여줄 수 있다는 점에 착안했다. 예를 들어, 미국의 경우(이하 2013년 IMF 전망 기준) GDP 16조 7,240억 달러에 브랜드 가치는 17조 9,900억 달러로 브랜드 가치가 GDP 대비 108%로 계산되었다. 독일 또한 GDP와 브랜드 가치가 각각 3조 5,930억 달러와 4조 20억 달러로 GDP 대비 브랜드 가치가 111%나 되었다.

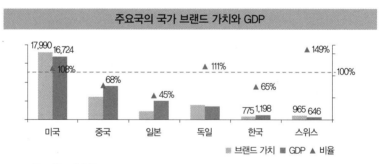

주요국의 국가 브랜드 가치와 GDP

자료: 브랜드 파이낸스, IMF
단위: 10억 달러, %=브랜드가치/GDP

반면 중국의 GDP 대비 브랜드 가치 비율은 68%(=6조 1,090억 달러/8조 9,390억 달러)였고, 일본의 경우 45%(=2조 2,630억 달러/5조 70

억 달러)에 불과한 것으로 나타났다. 이 바람에 일본은 GDP 규모에서는 미국과 중국에 이어 3위이지만 브랜드 가치에서는 독일과 영국에도 뒤지면서 5위로 추락하고 만 것이다. 중국도 일면 그렇지만 일본의 경우 특히나 국가 브랜드 면에서 덩치 값을 제대로 못하고 있다고 할 수 있을 것이다.

전 세계 주요국 중 GDP 대비 브랜드 가치가 높은 나라로는 미국과 독일 외에도 스위스(149%), 싱가포르(141%), 스웨덴(136%), 네덜란드(125%), 덴마크(114%), 핀란드(111%), 오스트리아(105%), 캐나다(102%) 등을 들 수 있다. 특히 스위스의 경우 예상한 대로 경제 규모 대비 브랜드 가치가 월등히 높으면서 이 비율에서 세계 1위를 차지하고 있다. 스웨덴, 덴마크, 핀란드와 같은 북유럽 국가들의 브랜드 가치가 덩치에 비해 높다는 것은 인구와 경제 규모를 넘어 1인당 국민소득과 복지수준은 물론 경제자유도와 투명성 등에서 이들 나라의 평판이 좋기 때문일 것이다. 이외에도 폴란드(97%), 말레이시아(97%), 영국(95%), 태국(90%) 등도 덩치에 비해 상대적으로 브랜드 가치가 높은 나라에 속하고 있다.

반면 GDP 대비 브랜드 가치가 크게 떨어지는 나라로는 앞서 언급한 일본(45%)이 대표적이다. GDP 20위 내에 드는 나라 중 GDP 대비 브랜드 가치 비율이 50% 미만인 나라는 일본이 유일하다. 브랜드 파이낸스는 "일본은 아직 쓰나미와 후쿠시마 원전사태의 피해에서 완전히 회복되지 않은 데다 첨단기술 수출국인 한국 등과의 치열한 경쟁으로 인해 브랜드 가치가 전년 대비 11% 하락했다"고 설명했다.

이 같은 단기적인 이유도 있겠지만 20여 년에 걸친 장기침체에다 폐쇄적 성향의 경제와 사회가 일본의 브랜드 가치를 크게 떨어뜨리고 있다고 볼 수 있다. 일본 외에도 이탈리아(50%), 스페인(53%), 러시아(59%) 등도 GDP 대비 브랜드 가치가 낮은 국가 군에 속하고 있다.

우리나라의 브랜드 가치는 7,750억 달러로 16위를 차지했다. 2010년 국가별 가치 산정이 시작된 이후 2012년 17위를 기록한 것을 제외하고는 줄곧 16위를 유지하고 있다. 한 나라의 경제 규모를 보여주는 국내총생산GDP 순위에서 우리나라가 15위를 차지하고 있는 것과 비교하면 덩치와 엇비슷한 브랜드 가치를 유지하고 있는 셈이다. 그러나 우리나라의 GDP 대비 브랜드 가치 비율은 65%(= 7,750억 달러/1조 1,980억 달러)로 그다지 높은 편은 아니다. 그만큼 국가 브랜드 제고를 위한 범국가적 노력이 필요하다는 점을 말해주고 있다. 이명박 정부 시절 국가 브랜드의 중요성을 인식하고 국가브랜드위원회를 신설·운영했지만 일회성으로 그치는 등 아직도 갈 길이 멀다고 할 수 있다.

브랜드가 무엇인가? 온라인 백과사전 위키피디아에 따르면 브랜드는 '이름이나 단어, 디자인, 심벌처럼 한 상품을 다른 상품과 구별시켜 주는 역할을 하는 특징 또는 특성'을 말한다. 브랜드는 원래 소나 말의 소유주를 구별하기 위해 특정 문양의 낙인을 찍는 것을 의미했다면서 코카콜라 사의 코카콜라가 현대 브랜드의 대표적인 예라고 위키피디아는 언급하고 있다.

그렇다면 글로벌 기업들의 브랜드 가치를 살펴보자. 기업들의 브

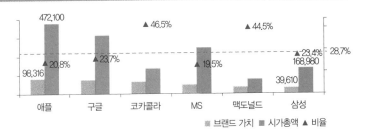

랜드 가치를 평가하는 대표적인 글로벌브랜드컨설팅회사인 인터브
랜드의 2013년 브랜드 가치 평가에 따르면 애플이 983억 달러로 1위
를 차지하고 있다. 2위는 구글(933억 달러), 3위는 코카콜라(792억 달
러), 4위는 IBM(788억 달러), 5위는 MS(595억 달러)였다. 그 뒤를 이어
GE(469억 달러), 맥도널드(420억 달러), 삼성(396억 달러), 인텔(372억
달러), 도요타(353억 달러)의 순이었다.

국가 브랜드 가치의 상대적 비교를 위해서는 GDP를 사용했지만
기업 브랜드 가치의 상대적 비교를 위해서는 기업 가치의 시장평가
인 시가총액을 사용해 보았다. 그 결과 브랜드 가치 30대 기업 중에
서는 HP가 시가총액(550억 달러, 이하 2013년 말 기준) 대비 브랜드 가
치(258억 달러) 비율이 가장 높은 것으로 계산되었다. 이 비율이 40%
를 넘는 기업은 HP를 포함하여 코카콜라(46.5%), 맥도널드(44.5%),
IBM(40.8%) 등 총 4곳뿐이었다. 루이뷔통(37.3%)과 인텔(30.8%)도 비
교적 높은 편인 것으로 나타났다.

삼성은 브랜드 가치 396억 달러로 세계 8위, 우리나라 기업 중 1위를 차지했다. 인터브랜드는 삼성이 스마트폰 판매에서 애플을 추월하고 마케팅 비용에서 애플의 4배인 40억 달러(2012년)를 지출하는 등 적극적인 글로벌 브랜드 전략으로 브랜드 가치가 전년 대비 20%나 급증했다고 언급하고 있다. 또한 삼성이 자사제품들을 통해 사람들로 하여금 보다 나은 삶을 구현시킴으로써 "세계를 감동시키고 미래를 창조한다Inspire the world, Create the future"라는 비전을 만들어가고 있다고 덧붙였다. 하지만 삼성의 시가총액(1,690억 달러) 대비 브랜드 가치 비율은 23.4%로 상위 10대 기업 평균인 28.7%에 못 미치는 것으로 나타났다. 경쟁사인 애플의 20.8%보다는 높지만 HP(47.0%), 코카콜라(46.5%), IBM(40.8%) 등에 비해서는 상당한 격차를 보이고 있다. 대한민국과 함께 삼성 등 우리 기업들의 보다 적극적인 글로벌 브랜드 전략이 계속 되어야 하는 이유이다.

11 •••
뉴 노멀 시대로 진입하는 글로벌 경제

1995년 우리나라는 1인당 국민소득 1만 달러를 넘어섰다. 1960년 대 초반 경제개발이 시작된 이후 빠르면 3년, 늦어도 6년이면 소득을 2배로 늘리는 초고속 성장을 거듭한 결과였다. 1989년 5,000달러를 넘어선 이후 6년 만에 다시 2배로 늘어나면서 1인당 국민소득 1만 달러를 달성한 것이었다. 하지만 1997년 말 초유의 외환위기를 겪으면서 원화 환율이 폭등한 데다 성장률까지 마이너스로 떨어지면서 1998년에는 1인당 국민소득이 7,000달러대까지 급락하기도 했다.

이후 다시 성장세가 회복되는 가운데 원화 환율도 서서히 하락하면서 2000년에 1만 달러를 회복하고 2007년에는 2만 달러로 올라섰다. 외환위기 때문이었지만 이번에는 2배로 늘어나는데 무려 12년이나 걸렸다. 그나마 곧 이어 터진 글로벌 금융위기로 원화 환율이 뛰면서 1만 달러대로 다시 내려갔다. 외환위기가 우리 경제 스스로 자초한 폭풍이었다면 2008년 글로벌 금융위기는 미국 발 서브프라임모기지 부실사태가 전 세계 금융시장과 실물경제를 뒤흔든 외풍外風이었다. 다행히 미국을 포함한 주요국들의 공격적인 재정지출과 금리 인하 등과 같은 공조에 힘입어 세계 경제는 급속하게 되살아나는 것처럼 보였다. 우리나라 또한 과감한 재정지출과 금리 인하 등에 나서면서 성장률이 회복되고 원화 환율도 하락하면서 2010년에 간신히 2만 달러를 회복할 수 있었다.

▌ 저성장과 초경쟁

문제는 글로벌 금융위기 이후 3년여 만에 다시 유럽 발 재정위기가 재발하면서 전 세계 경제가 출렁거리고 있다는 점이다. 되살아나던 우리 경제도 2011년 3.7% 성장에 이어 2012년에도 3% 초중반대의 저성장세(실제로는 2.0%)를 벗어나지 못할 것이라는 전망이 이어지고 있다. 이와 함께 전 세계적으로 경제의 패러다임이 그 간의 고성장에서 저성장으로 바뀌고 있다는 '뉴 노멀New Normal'이라는 신조어가 전면에 자리 잡기 시작했다. 과연 세계 경제는 이전과 다른 어떤 흐름을 보일 것인가? 최근까지 부동不動의 선진국으로 자리잡아왔던 미국과 유럽, 일본 등은 선진국의 자리를 지킬 수 있을 것인가? 중국 등 BRICs로 대변되는 신흥시장국들은 앞으로도 잘 나갈 수 있을 것인가? 이렇게 경제지도가 바뀌는 가운데 그 간 경제를 좌지우지하던 패러다임 또한 변할 것인데, 과연 어떤 패러다임 또는 메가트렌드를 예상할 수 있을까? 한 가지 분명한 사실은 국가는 물론 국가경제를 이끌어가는 기업들도 그 같은 패러다임의 변화를 읽지 못하면 천천히

망하거나 빨리 망하는 둘 중의 하나가 될 것이라는 점이다.

이런 와중에 대한민국 경제의 미래는 어떻게 펼쳐질 것인가? 일부에서 주장하는 것처럼 중진국의 함정에 빠지고 말 것인가, 아니면 지금까지 그래왔던 것처럼 위기를 기회로 삼아 명실공히 선진국의 대열에 합류할 수 있을 것인가? 여기서 선진국이라면 적어도 1인당 국민소득이 3~4만 달러로 올라가는 것을 의미한다. 과연 언제쯤 우리 경제가 3만 달러, 4만 달러에 도달할 수 있을 것인가? 이를 위해 우리 정부와 기업들은 무엇을 어떻게 예상하고 대비해야 할 것인가?

먼저 세계 경제의 화두로 떠오르고 있는 신조어 '뉴 노멀'을 좀 더 자세히 들여다보자. 통상 뉴 노멀은 고성장에서 저성장으로, 돈을 많이 빌려 투자를 하는 레버리징leveraging에서 가급적 부채를 줄이고 내 돈으로 투자를 하는 디레버리징de-leveraging으로, 규제완화deregulation에서 규제강화reregulation로, 정부의 개입을 최소화하는 자유시장주의에서 정부의 시장개입 또는 간섭 수준이 높아지는 케인지안의 부활 등을 포함하는 의미로 사용되고 있다. 여기다 환경 및 자원보호의 강화 추세, 미국 달러의 기축통화로서의 위상 약화, 미국의 단극체제에서 유럽과 중국 등이 등장하는 다극체제화 등을 포함하기도 한다. 이같은 변화를 한마디로 표현한다면 뉴 노멀은 저성장시대로의 진입을 뜻한다고 할 수 있다. 디레버리징, 규제강화, 정부 개입, 환경 보호 등 대부분의 변화가 저성장을 가져오는 요인으로 작용하는 동시에 더 이상 고성장시대가 불가능하기 때문에 나타나는 결과이기도 하기 때문이다. 예를 들어, 디레버리징의 경우 과도한 차입을 통한 문어발식 확장이 더 이상 어렵다는 것을 의미하는 것이고, 환경보호를 위해 탄소배출을 억제하는 것 또한 과거 식의 성장에 걸림돌이 될 수밖에 없을 것이다. 규제를 강화하면서 정부의 관리감독 및 시장 개입이 많아지는 것 또한 성장위주의 기업 전략을 수정하게 만들 것이다.

▍세계 성장률 연평균 3% 안팎까지 낮아질 듯

뉴 노멀이 고성장시대에서 저성장시대로의 진입을 뜻한다면 세계 경제의 성장률이 어느 수준에서 얼마나 낮아지는 것을 의미하는 것일까? 국제통화기금IMF에 따르면 세계 성장률은 1980년대(1980~89년) 연평균 3.2%에서 1990년대(1990~99년)에는 2.9%로 낮아졌다가 2000년대(2000~2009년)에는 3.6%로 높아지는 흐름을 보였다. 2000년대 들어 세계 성장률이 크게 높아진 이유로는 크게 두 가지를 들 수 있다. 하나는 1990년대 말에 우리나라를 포함한 아시아 외환위기 이후 급락했던 성장세가 회복된 데다 IT 기술이 금융과 전자는 물론 자동차, 조선, 화학 등 대다수 제조업종과 융합되면서 생산성이 크게 높아졌다는 점이다. 다른 하나는 중국과 인도 등 아시아와 브라질 등 남미의 신흥시장국들의 상품 생산 범위가 확대되고 품질 수준도 크게 높아지면서 고성장세를 보였다는 점이다. 이견이 있을 수도 있지만 1990년대 중후반 미국에서 나타나기 시작했던 '신경제New Economy', 즉 높은 성장률과 낮은 물가상승률이 병존하는 이른바 고성장·저물가 현상이 2000년대 들어 전 세계적으로 확산되면서 성장률이 큰 폭으로 높아졌다고 볼 수 있다. 실제로 선진국의 성장률은 1990년대 연평균 2.7%에서 2000년대 1.7%로 낮아지는 반면 신흥시장국(선진국 이외의 모든 신흥시장국과 개도국)의 성장률은 1990년대 3.2%에서 2000년대에는 6.1%로 높아지고 있다.

2010년대의 세계 성장률이 2000년대보다 낮아진다면 도대체 얼마나 낮아질 것인가? 누구도 장담할 수 없기는 해도 3% 초반, 최악의 경우 2% 후반대까지 떨어질 것으로 볼 수 있다. 세계의 소비시장인 미국과 유럽 등 선진국의 성장률이 계속 지지부진할 경우 생산할 상품을 내다팔 곳이 없어지는 신흥시장국들의 성장세도 둔화될 수밖에 없기 때문이다.

▌우리나라 성장률도 4%대에서 3%대로

그렇다면 우리나라의 성장률은 어떻게 볼 것인가? 우리나라의 성장률은 1980년대 연평균 8.6%에서 1990년대 6.7%로 낮아진 데 이어 2000년대 들어서는 4.4%로 더 떨어지고 있다. 1990년대의 경우 세계 성장률이 연평균 2.9%였을 때 우리나라는 성장률이 6.7%로 높았었지만 2000년대에는 세계 성장률이 3.6%로 더 높아지고 있는 데도 불구하고 우리나라 성장률은 오히려 4.4%로 후퇴하고 있다. 만약 2010년대 세계 성장률이 낮아진다면, 즉 저성장시대로 접어든다면 과연 우리나라 성장률이 4%를 지킬 수 있을까? 한 나라 경제의 장기적 성장추세를 보여주는 잠재성장률에서 우리나라는 아직까지 4% 초중반대로 나타나고 있지만 더 낮아질 가능성도 배제할 수 없다. 우리나라 성장률은 2011년 3.7%에서 2012년 2.0%, 2013년 2.8%에 이어 2014

년에도 4%를 넘어서기가 어려울 것으로 예상되고 있다. 이 경우 4년 연속 3%대를 기록하게 되는데 한국은행이 성장률 통계를 내기 시작한 1953년 이후 처음 있는 일이다. 이는 곧 우리나라도 일반 국민과 기업 모두 앞으로는 3%대 성장 하에서 살아가는 지혜와 인내를 키워야 한다는 점을 말해주고 있다.

저성장과 함께 뉴 노멀의 키워드로 대두되는 것이 '초경쟁hyper-competition'이다. 경제가 고성장에서 저성장으로 가고 있는 가운데 기술의 평준화 및 보편화로 인해 경쟁이 갈수록 격화되기 때문이다. 이제 선진국 만이 가진 기술이나 생산시설은 거의 사라지고 신흥시장국들도 얼마든지 고급상품과 서비스를 제공할 수 있다. 1960~70년대 선진국과 비선진국의 기술에서의 격차가 확연하게 드러나던 때에는 생산할 수 있는 상품도 다를 수밖에 없었다. 하지만 지금은 BRICs 뿐 아니라 동남아와 동유럽, 남미 등에서도 최첨단 기술제품이 쏟아져 나오고 있다. 세계 경제가 만약 고성장을 지속한다면 이처럼 쏟아져 나오는 상품과 서비스를 소화할 수 있겠지만 저성장시대로 진입한다면 수요는 예전처럼 늘어나지 않는 가운데 공급이 늘어나면서 경쟁이 심화될 수밖에 없을 것이다.

2020 퓨처캐스트 & 100년 후

로버트 J. 샤피로 | 김하락 옮김 | 랜덤하우스 / 조지 프리드먼 | 손민중 옮김 | 김영사

2010년 미래를 내다보는 책 2권이 동시에 나왔다. 하나는 비교적 가까운 미래인 2020년을, 다른 하나는 매우 먼 미래인 100년 후를 내다보는 것이다. 먼저 가까운 미래부터 가 보자. 〈2020 퓨처캐스트Future Cast〉라는 제목에서 알 수 있는 것처럼 2020년이라는 미래의 세계 무대에 등장할 주요 배역들cast을 꼽으면서 그 중요성과 함의를 풀어가고 있다. 클린턴 행정부 시절 상무부 차관(1998~2001년)을 지낸 저자 로버트 샤피로는 앞으로 세계의 지형도를 바꿀 메가트렌드로 '고령화, 세계화, 초강대국의 흥망'의 3가지를 들고 있다.

고령인구가 급속히 늘어난다는 것은 자연재해인 지진earthquake에 버금가는 '인구지진agequake'을 의미한다. 고령자로 인한 부담은 가정의 위기는 물론 국가적 위기로도 확산될 수 있다. 미국은 고령화에 대한 부담이 상대적으로 적은 데도 가장 먼저 정부의 지출과 기업가·과학자의 야심이 합쳐지면서 사회 전체가 IT와 같은 신기술을 습득하는데 성공했다. 이로 인해 생산성이 높아지면서 제조업 일자리가 줄어들자 규제완화를 통해 서비스업 등에서 일자리를 만들어내는데 성공했다. 반면 유럽과 일본은 규제완화에

매우 인색한 모습을 보이고 있다. 또한 미국과는 달리 이민에 폐쇄적인 선진국들은 신규 노동력의 공급에 실패하고 있다. 가장 빠른 속도로 고령화되고 있는 우리나라가 얻는 교훈은 무엇인가?

세계화는 지구촌을 하나의 공장이자 시장으로 만들고 있다. 글로벌 대기업들은 생산과 판매·유통은 다른 기업의 글로벌 네트워크를 이용하고 소프트웨어를 이용한 독립적인 해외 아웃소싱을 급속하게 늘려가고 있다. 하지만 이 과정에서 개발도상국은 물론 선진국에서도 경제적 불평등이 심화되고 있다. 더욱이 중국의 빠른 경제발전과 비용 상승은 미국과 한국 등의 중산층의 일자리와 임금에 큰 타격을 줄 것이다. 적절한 대처에 실패할 경우 다음 한 세대 동안 선진국 중산층들의 소득이 정체하거나 오히려 줄어들면서 불평등은 더 커질 것이다.

사회주의의 몰락으로 유일한 초강대국이 된 미국은 2020년까지는 패권국가로서의 위상을 유지할 것이다. 중국이 세계 2위의 경제대국으로 올라서면서 아시아에서는 미국에 맞먹는 영향력을 행사하겠지만 세계적인 위상은 미국에 크게 못 미칠 것이다. 반면 러시아는 남미와 같은 저성장에 빠져들고, 인도는 소프트웨어와 의약품 산업에서 앞서 가고 있지만 많은 가난한 인구를 이끌고 가기에는 역부족이다.

저자가 보는 한국 경제의 미래는 상당히 낙관적이다. 한국은 글로벌화의 이점을 살리면서 어떻게든 지속적으로 경제를 발전시키는 능력을 발휘할 것이다. 특히 IT와 자동차 산업 등에 비해 생산성이 크게 낮은 은행업과 소매업, 의료보장과 같은 서비스 산업의 생산성을 높일 것을 권고하고 있다. 이들 산업에서 성장과 고용을 동시에 추구할 수 있다는 것이다. 다만 고령화와 저출산이 한국 경제를 끌어내릴 것이라는 경고도 빼놓지 않고 있다.

먼 미래는 가까운 미래보다 훨씬 더 내다보기가 어렵다. 하지만 그 때 가면 따질 만한 사람들은 다 죽었을 것이기 때문에 보다 자신 있게 예측할 수 있다는 이점(?)도 있다. 국제정치와 안보에 관한 싱크탱크로 민간의 CIA 라고 불리는 스트랫포Stratfor의 설립자이자 CEO를 역임한 조지 프리드먼이 무려 100년 후를 내다봤다. 미래에 관한 한 확실하게 말할 수 있는 것은 "앞으로는 상식이 통하지 않는다"는 것뿐이라면서 내놓은 책이다.

"이제 유럽시대는 끝났고 북미대륙의 시대가 시작됐으며, 앞으로 100년 간 북미대륙은 미국이 지배한다." 21세기에 대한 저자의 결론이다. 초강대국으로서의 미국의 위상에 대한 의구심이 그 어느 때보다 높아지고 있지만 여전히 국내총생산GDP, 에너지 생산 및 소비, 인구밀도 등에서 가장 유리하다는 것이다. 특히 미국은 로봇으로 노동력 부족을 대신하고 우주태양 에너지 등 새로운 에너지원에서 독보적 위치를 가질 것이다.

이 같은 미국에 대항할 국가는 흔히 생각하는 중국, 인도, 러시아가 아니라 일본, 터키, 폴란드, 멕시코가 될 것이다. 중국은 시베리아와 히말라야 등에 둘러싸여 물리적으로 고립돼 있는 데다 미약한 해군력, 연안과 내륙의 빈부격차 등으로 인해 현재의 경제적 역동성이 장기적인 성공으로 이어지지 않을 것이다. 반면 한국은 2030년 이전에 통일이 된 후 꾸준히 성장하면서 미국이 일본을 견제하는 균형추로 자리 잡을 것이다.

저자는 지정학적 역학관계로 볼 때 2050년경 일본과 터키가 미국에 맞서는 제3차 세계대전이 일어날 것이라고 내다본다. 이 때 한국은 중국과 함께 미국 편에 서면서 전승국이 된다. 어찌 보면 허황된 시나리오처럼 들릴 수도 있지만 마치 공상과학소설을 읽는 것처럼 빨려 들어가게 만드는 것이 이 책의 장점이다.

두 책을 읽다 보면 미국의 미래를 낙관적으로 본다는 점은 같지만 중국과 일본, 인도, 러시아 등의 미래에 대해서는 서로 다른 경우가 더 많다. 각기 다른 이유와 배경을 비교해보는 재미도 쏠쏠하다.

12...

글로벌화와 차별화만이 살 길이다

세계 경제가 저성장과 초경쟁을 키워드로 하는 뉴 노멀 시대로 접어들 경우 우리 기업이나 개인이 살아남기 위해 필요한 키워드는 무엇일까? 생존의 키워드는 '글로벌화'와 '차별화'가 아닐까? 위기가 수시로 발생하고 있는 데다 내수 규모까지 작은 우리나라에서 기업들은 글로벌화를 통해 생산은 물론 소비시장을 글로벌로 확대함으로써 안정적인 성장을 꾀할 수밖에 없다. 하지만 이 같은 사실을 잘 알면서도 글로벌화가 잘 추진되지 않는 이유는 무엇일까?

가장 먼저 들 수 있는 것은 이미 글로벌화에 성공하고 있는 기업들도 있지만 일부 오너 또는 최고경영자CEO들이 글로벌화를 수익성이 없는 사업으로 보고 회사 홍보를 위한 상징성에만 치중하고 있다는 점이다. 지난 수십 년간 경험이 축적된 수출시장의 개척에서는 성공케이스를 자주 접할 수 있다. 하지만 현지공장 또는 현지법인 설립과 같은 현지화를 통한 글로벌화는 초기비용이 많이 소요되는 반면 위험이 수반되는 일이어서 보수적일 수밖에 없기 때문이다.

두 번째는 글로벌화를 추진하는데 필요한 국제적 인력이 크게 부족하다는 점이다. 국내 인력 중 글로벌 인재를 찾기가 어려울 뿐 아니라 미국 등 영어권의 경우 교포 2세들이 어느 정도 자리잡고 있기는 해도 태부족이다. 프랑스와 독일 등 비영어권으로 가면 전문성은 차치하고 언어구사 능력을 갖춘 인재를 찾기도 어렵다는 하소연을 자주 들을 수 있다.

세 번째는 글로벌화는 10년 이상의 장기적인 안목과 전략을 가지고 추진해야 하지만 국내기업들의 경우 단기적인 성과에 집착할 수밖에 없는 한계를 가지고 있다는 점이다. CEO의 임기가 짧은 상황에서 어쩔 수 없는 선택일 것이다.

네 번째는 대기업의 경우 자체적으로 글로벌화에 나설 수 있지만 중소기업의 경우 자금력이나 인력에서 글로벌화가 남의 잔치인 경우가 많다는 점이다. 이에 따라 중소기업의 경우 정부의 체계적인 지원과 불필요한 규제의 폐지와 완화 등이 있어야 할 것이다.

차별화 또한 말로는 쉬워도 실행은 어려운 과제이다. 그럴수록 아시아와 아프리카의 부상, 양극화, 고령화, 저금리는 물론 3만 달러 시대 및 금융자산으로의 자산 선호도 변화와 같은 흐름에 선제적으로 대응하는 상품과 서비스를 개발함으로써 차별화를 추구해야 할 것이다. 이 때 차별화는 상품과 서비스의 질적 또는 기능적 차별화뿐 아니라 지역별, 소득별, 연령별 차별화 또는 세분화를 통한 시장 공략을 의미한다. 예를 들어, 최근 네슬레, P&G, 유니레버 등 글로벌 기업들은 급속하게 성장하는 아프리카 중산층의 의식주 시장을 겨냥한 차별화된 상품을 출시함으로써 시장점유율을 획기적으로 늘려가고 있다.

차별화의 예를 인력 채용에서 생각해보자. 필자는 오래 전부터 다문화 가정에 대한 정부 및 기업 차원에서의 지원 필요성을 주장해왔다. 그 중 하나가 다문화 가정 2세들의 이중언어 교육이다. 예를 들어, 기업 차원에서 몽골 출신 어머니를 둔 아이들에게 어려서부터 한글과 몽골어의 이중언어 교육을 시키는 것이다. 이들이 초등학교, 늦어도 중학교를 졸업할 때까지만 지원을 해도 이중언어를 충분히 구사할 수 있을 것이고, 고등학교와 대학교육까지 어떤 식으로건 지원한다면 몽골 비즈니스의 가교역할을 누구보다도 훌륭히 수행할 수 있을 것이다. 베트남과 필리핀, 미얀마 등도 이런 식으로 한다면 현지채용 직원보다 훨씬 더 저렴한 비용으로 한국 국적의 우리나라 직원으로 활용할 수 있을 것이다.

실제로 인력 채용에서 차별화를 시도하는 회사가 일본에서 나타났다. 우리나라에도 진출해 있는 중저가 캐주얼 의류브랜드 '유니클로'가 2012년 2월 초 국적에 관계없이 대학 재학생을 수시로 채용하겠다는 파격적인 채용제도를 도입하겠다고 발표했다. 입사하기로 내정되면 대학을 다니면서 방학 등을 이용해 인턴사원으로 근무하고 원하는 시기에 정식으로 입사하는 것이다. 다른 기업들이 채용시장을 흐리는 '입노선매立稻先賣'라면서 비판하자 야나기 다다시 회장은 "기업도 채용을 좀 더 자유롭게 선택할 수 있어야 한다"고 응수했다. 유니클로는 지난 2007년부터 5,000명에 달하는 비정규직 직원들을 정규직으로 전환하기 시작한 것으로도 유명하다. 상대적으로 임금이 싸고 해고가 쉬운 비정규직을 많이 써야 이익을 늘릴 수 있다는 상식을 깨고 정규직 위주의 인사전략으로 성공하고 있는 것이다. 뿐만 아니라 보다 적극적인 해외진출을 위해 영어를 공용어로 하면서 2013년에는 해외 채용을 국내보다 2배나 많은 1,000명으로 늘리겠다는 계획을 발표하기도 했다.

유니클로는 구태의연한 과거의 관행을 벗어난 남다른 채용과 직원 인사, 팔리는 물건을 만들어야 한다는 단순한 원칙, 같은 업종끼리 경쟁하지 말고 다른 업종의 상품들과 경쟁해야 한다는 보다 넓은 시각, 실패하지 않는 경영자는 경영자가 아니라는 확고한 신념 등이 더해지면서 5년 만에 매출이 2배 이상 늘어나면서 2013년에는 매출 9,000억 엔(9조원)이 넘는 대기업으로 성장했다. 우리나라에서의 매출도 2013년 7,600억원에 이어 2014년에는 업계 최초로 1조원을 돌파할 것이라는 전망이 나오고 있다.

요즘 필자가 예상하는 미래는 회전초밥 이상으로 빨리 돌아가는 밥상이다. 이 밥상에서는 나 또한 움직이면서 먹고 싶은 것을 낚아채야 살아남는다. 앉은뱅이처럼 앉아서 내 차례를 기다리면 늦을 수밖에 없다. 따라서 굶어죽지 않으려면 남보다 먼저 움직여야 한다. 메가트렌드를 읽으면서 그 변화를 쫓아가는 상품과 서비스를 생산하기 위해 끊임없이 글로벌화와 차별화를 추구하는 기업만이 살아남을 것이다. 글로벌화와 차별화는 선택이 아닌 필수요소로 기업과 개인의 생사를 좌우하는 제1의 핵심자원이자 성장동력이다.

이 때 글로벌화와 차별화라는 혁신에 못지않게 중요한 것이 그 같은 혁신을 가능케 하는 열린 마음이다. 필자는 2000년대 초반 미래학자 앨빈 토플러와 존 나이스빗과 만나 "한국이 다시 한 번 도약하기 위해 필요한 것이 무엇이냐?"는 같은 질문을 던진 적이 있다. 이구동성異口同聲으로 돌아온 대답은 '열린 마음open mind'이었다. 한국도 이제 값싸고 좋은 물건을 잘 만들어내는 제조업과 IT와 같은 하드웨어를 뛰어넘어 열린 마음과 같은 소프트웨어가 필요하다는 뜻이었다. 한국의 미래는 열린 마음으로 글로벌화와 차별화를 위해 뛰는 한국인들과 한국의 기업들에게 달려 있다.

13 ● ● ●
메가트렌드를 따라잡아라

앞으로 수년간 세계 경제는 '저성장'과 '초경쟁'을 키워드로 하는 뉴 노멀 시대를 맞이할 것이다. 그렇다면 저성장과 초경쟁 하에서 나타날 세계 경제의 큰 흐름 또는 패러다임의 변화, 즉 메가트렌드로는 어떤 것들을 꼽을 수 있을까? 필자는 모두 10가지를 선정하고, 이를 편의상 전 세계적인 글로벌 메가트렌드와 우리 경제에만 적용되는 국내적 메가트렌드로 나누었다. 글로벌 메가트렌드로는 '글로벌화', '다극화와 아시아 · 아프리카의 부상', '위기의 반복과 불확실성 증대', '소득불균형 등 양극화 심화', '고령화', '저금리', '디레버리징'의 일곱 가지를 들었다. 국내적 메가트렌드로는 '소득 3만 달러 시대 진입', '부동산에서 금융자산으로의 자산선호도 변화', '북한 리스크와 통일 가능성'의 세 가지를 꼽았다. 글로벌 메가트렌드 중 대부분은 대외의존도가 높은 우리나라가 직접적인 영향권 내에 있거나 동조 흐름을 보이는 것들이므로 국내적 메가트렌드에 못지않게 주목해야 할 것이다.

향후 5년을 이끌어 갈 키워드와 10대 메가트렌드	
키워드 : 글로벌화 & 초경쟁	
글로벌 메가트렌드(7개)	국내적 메가트렌드(3개)
❶ 글로벌화 ❷ 다극화와 아시아·아프리카의 부상 ❸ 위기의 반복과 불확실성 증대 ❹ 양극화 심화 ❺ 고령화 ❻ 저금리 ❼ 디레버리징	❽ 소득 3만 달러 시대 ❾ 자산선호도 변화 　(부동산에서 금융자산) ❿ 북한 리스크와 통일 가능성
생존의 키워드: 글로벌화 & 차별화	

▌선발자의 이익이 큰 글로벌화

세계 경제와 금융시장은 이미 자유화와 개방화에 따른 글로벌화가 급속하게 진전되면서 치열한 경쟁을 벌이고 있다. 글로벌화의 엔진으로는 상품과 기술뿐 아니라 자본이동의 자유화, 지배구조 및 금융업과 지식업 등 다양한 분야에서의 글로벌화, 인터넷의 발달과 확산으로 인한 정보의 표준화와 신속한 교류 등을 들 수 있다. 이에 따라 수출입, 외국인직접투자FDI, 국경을 넘나드는 M&Across-border M&A, 자유무역협정FTA 등을 통해 글로벌화가 세계 곳곳에서 진행되고 있다. 이런 상황에서 우리나라가 글로벌화를 서둘러야 하는 이유는 '후발자이익late-comer advantage'이 큰 산업화 또는 IT화와는 달리 글로벌화의 경우 '선발자의 이익first-comer advantage'이 매우 크기 때문이다. 후발자 이익이 큰 산업화에서는 우리나라처럼 뒤늦게 출발해도 압축성장으로 따라갈 여지가 있지만, 글로벌화의 경우 빠르면 빠를수록 이익이 큰 반면 늦으면 늦을수록 더 따라가기가 어려워진다는 뜻이다.

　다극화와 아시아 · 아프리카의 부상 또한 많은 설명이 필요 없는 부분이다. 유럽과 중국 등이 등장하면서 미국 중심의 일극체제가 다극체제로 바뀌고 있다. 유럽이 재정위기로 인해 향후 수년간 제로 성장 또는 마이너스 성장에 머무는 암흑의 시대로 접어든다면 미국과 중국이 세계 경제와 금융시장을 이끌어가는 G2 시대가 열릴 것이다. 이와 함께 달러의 기축통화로서의 지위와 역할은 상대적으로 약화되는 반면 중국 위안화의 아시아지역 기축통화로서의 지위와 역할은 강화될 것이다. 특히 BRICs의 뒤를 이을 신흥시장국으로 거론되는 MAVINS, CIVETS, MIKT, VISTA와 같은 신조어에 거의 빠짐없이 이름을 올리고 있는 인도네시아와 베트남, 터키 등에 주목해야 할 것이다.

세계 및 권역별 성장률 추이					(단위: %, 기간 중 연평균)
	전 세계	선진국	신흥시장국	미국	한국
1990년대(1990~99년)	2.9	2.7	3.2	3.2	6.7
2000년대(2000~09년)	3.6	1.7	6.1	1.7	4.4

자료: IMF

　또 한 가지 언급하고 넘어갈 부분은 그 간 잊혀진 대륙으로 여겨졌던 아프리카의 성장률이 1990년대 3%대에서 최근에는 5~6%대에 달하고 있다는 점이다. 2010년 1인당 국민소득 기준으로 아프리카 대륙 53개국 중 8개국은 중국(4,382달러)보다 높고, 9개국은 인도(1,371

달러)보다 높다. 중국보다 소득이 높은 8개국의 인구는 6,500만 명, 인도보다 소득이 높은 9개국의 인구는 2억 2,000만 명으로 합치면 3억 명에 달한다. 또한 인도와 엇비슷한 소득 수준(1,000~1,371달러)의 국가도 7개국 2억 1,500만 명에 달한다. 아프리카에 1인당 국민소득 1,000달러 이상인 인구가 5억 명을 넘고 있는 것이다.

▌위기는 작년에 왔던 각설이

미국의 경제사학자 찰스 킨들버거는 위기를 '끊임없이 피어나는 다년생 꽃'에 비유했다. 우리나라가 겪은 위기만 하더라도 1997년 말 외환위기, 2002~03년의 신용카드 사태(신용위기), 2008년 글로벌 금융위기에 이어 2011년에는 유럽 발 글로벌 재정위기를 겪었다. 이에 따라 필자는 한 걸음 더 나아가 위기를 '작년에 왔던 각설이'라고 표현한다. 왜냐하면 각설이는 죽지도 않고 또 오니까. 앞으로 정부와 기업들이 수시로 다가올 위기에 대비하는 상시적 위기대응체제를 구축해야 하는 이유이다.

'소득불균형 등 양극화 심화', '고령화', '저금리', '디레버리징'도 빼놓을 수 없는 큰 흐름이다. 2012년 '월가를 점령하라Occupy the Wall Street'는 구호가 전 세계를 뒤흔든 이후 1%의 가진 자와 99%의 못 가진 자의 갈등이 갈수록 커지고 있다. 2013년 1월에 개최된 다보스 포럼에서도 소득불균형과 그에 따른 자본주의의 변화 가능성이 화두로 떠올랐다. 이외에도 도시와 농촌, 대기업과 중소기업, 선진국과 신흥시장국, 화이트칼라와 블루칼라, 정규직과 비정규직 등 다양한 분야에서 양극화가 심화됨에 따라 그에 따른 갈등과 알력이 경제는 물론 기업 발전의 걸림돌로 작용할 가능성이 높아지고 있다.

고령화야말로 전 세계적인 메가트렌드라고 할 수 있다. 그 중에서도 우리나라의 고령화 속도는 세계 1위 수준이다. 우리나라는 2000년에 고령화사회(65세 이상 인구 비중 7%)에 진입한 데 이어 불과 17년 만인 2017년에 고령사회(65세 이상 인구 비중 14%), 그 후 9년 만인 2026년에 초고령사회(65세 이상 인구 비중 20%)로 진입할 전망이다. 우리나라 인구는 당초 2018년을 정점으로 감소세로 돌아설 것으로 예상됐었으나 통계청은 2012년 12월 인구 정점시기를 2030년으로 12년 뒤로 늦춰 잡았다. 하지만 낮은 수준의 인구 성장을 가정할 경우 총 인구의 정점이 2016년으로 당겨질 수도 있다고 전망했다. 특히 생산가능인구(15~64세)는 2016년을 정점으로 감소세로 돌아설 것이라는 추계에는 변함이 없었다. 가용노동력이 조만간 줄어든다는 것은 그만큼 우리 경제의 미래가 어둡다는 것을 의미하는 것이다.

주요국의 고령화 속도 비교			
65세 이상 인구비중	7%(고령화사회)	14%(고령사회)	20%(초고령사회)
미국	1942년	2015년(73년 소요)	2030년(15년 소요)
프랑스	1864년	1979년(115년 소요)	2019년(40년 소요)
영국	1929년	1976년(47년 소요)	2026년(50년 소요)
일본	1970년	1994년(24년 소요)	2006년(12년 소요)
한국	2000년	2018년(18년 소요)	2026년(8년 소요)

자료: UN, 통계청

▎ 두 자릿수 금리는 박물관으로

저금리 현상 또한 수년래 벗어날 수 없을 것이다. 무엇보다 2008년 글로벌 금융위기와 2011년 유럽 재정위기를 거치면서 미국과 유럽 등이 달러와 유로를 대거 공급하면서 전 세계적으로 유동성이 풍부하기 때문이다. 이로 인한 인플레이션 우려가 제기되고 있지만 미국의 경우 이미 2014년까지 제로 수준의 초저금리를 유지하겠다고 밝힌 상황이다. 당분간 정책의 초점을 인플레이션보다는 성장세 회복에 더 두겠다는 것이다. 성장률이 마이너스로 내려가면서 금리를 내리고 있는 유럽, 수년째 제로금리를 벗어나지 못하고 있는 일본이 금리를 올리기까지는 앞으로 상당 기간이 소요될 것이다. 앞서 언급한 대로 우리나라도 성장률이 3%대에 머문다면 금리 또한 낮은 수준에서 유지될 수밖에 없다. 앞으로 한국은행이 현재 3.25%(2014년 2월 현재 2.5%)인 기준금리를 더 올린다고 하더라도 예금금리 5~6%대를 보기는 쉽지 않을 것이다. 이에 따라 금리 두 자릿수 시대는 당분간 박물관에서나 볼 수 있다고 해도 이의를 제기하는 사람은 거의 없을 것이다.

디레버리징de-leveraging은 인과응보적 현상이다. 남의 돈을 과도하게 빌려 쓰다가 대형 사고가 터지면서 가급적 내 돈으로만 살아가야 하는 시대가 온 것이다. 너도나도 무리하게 돈을 빌려 집을 사다가 거품이 꺼진 미국의 일반 서민들은 물론 기업들도 예전처럼 차입을 통한 투자 또는 M&A를 더 이상 계속하지 못할 것이다. 대내외적 불확실성이 갈수록 커지는 상황에서 우리나라 기업 역시 과도하게 차입하는 것은 곧 파산위험을 높인다는 점에서 결코 바람직하지 못한 일일 것이다.

▌2017년 우리나라 소득 3만 달러 진입

다음으로 우리나라만의 특수한 상황이라고 할 수 있는 '소득 3만 달러 시대 진입', '부동산에서 금융자산으로의 자산선호도 변화', '북한 리스크와 통일 가능성'을 짚어보자. 우선 소득 수준의 향상을 보면 1인당 국민소득이 현재의 2만 달러에서 예상보다 빠르게 3만 달러, 4만 달러로 높아질 것에 대비해야 할 것이다. 주요 7개국G7의 1인당 국민소득 증가 추이를 보면 1만 달러를 넘어선 이후 4만 달러가 되기까지 걸린 기간은 평균 27년. 1만 달러당 평균 9년이 걸리고 있다. 우리나라의 경우 앞서 언급한 대로 1995년에 1만 달러를 달성한 후 2007년에 2만 달러를 넘어섰으니까 평균보다 3년이나 긴 12년이 걸렸다. 이 바람에 3만 달러 달성도 늦춰지고 있고, 일반 국민들은 물론 일부 전문가들도 아직 먼 미래의 일로 생각하고 있다. 하지만 국제통화기금IMF도 우리나라가 2017년에 3만 달러를 넘어설 것으로 전망하고 있다. 최근 유럽 재정위기의 여파로 세계 경제 성장률이 당초 예상보다 낮아지면서 우리나라의 3만 달러 달성이 1~2년 뒤로 늦춰질 수도 있지만 어쨌든 예상보다는 빠르게 3만 달러 시대로 진입할 것이다. 또한 이 같은 추세가 이어진다면 빠르면 2020년대 초반, 늦어도 중반에는 우리나라의 1인당 국민소득이 4만 달러를 넘어설 것으로 예상된다.

1인당 국민소득이 이처럼 높아지게 되면 일반 국민들의 자산선호도에도 변화가 생길 수밖에 없다. 특히 보유자산 중 부동산 비중을 줄이는 대신 금융자산 비중을 늘려가게 될 것이다. 최근 선진국의 부동산 비중은 미국이 34%로 가장 낮고, 일본이 43%, 독일과 영국·프랑스가 50%대를 보이고 있다. 독일과 프랑스의 부동산 비중은 70% 초반, 일본의 부동산 비중은 60% 중반대로 높았던 적도 있다. 나라마다 약간씩 차이가 있기는 해도 미국을 제외한 이들 선진국의 경우 1인당 소득 1만 달러대에서 부동산 비중이 고점을 형성하고 늦어도 2만 달러대에 들어서면 부동산 비중이 낮아지기 시작하는 공통점을 찾을 수 있다.

▌부동산은 줄이고 금융자산은 늘린다

현재 우리나라의 부동산 비중은 세계 최고 수준이다. 필자가 가진 통계에 따르면 우리나라의 부동산 비중은 1993년 76%에서 2001년 83%까지 높아졌다가 2006년 80%, 2013년 68%로 낮아지고 있다. 10년 동안 부동산 비중이 83%에서 68%로 15%포인트나 낮아진 것으로 추세적인 변화의 조짐을 읽을 수 있다. 더욱이 우리나라의 1인당 국민소득이 2만 달러를 넘어 3만 달러로 진입할 경우 이 같은 추세가 더 강화되면서 부동산 비중이 중장기적으로 60% 초중반 수준까지 낮아질 것이다.

북한 리스크와 통일 가능성은 메가트렌드 중 예측 확률이 가장 낮은 이슈라고 할 수 있다. 김정일 국방위원장 사망 이후 대안이 없는 상황에서 김정은 체제가 안정을 구축하고 있는 것처럼 보이지만 북한 리스크는 더 커졌다고 할 수밖에 없다. 언제 리더십의 불안과 혼란이 표면화될지는 아무도 모르는 일이다. 또한 김정은 체제가 무너진다고 해서 통일 가능성이 높아진다거나 낮아진다고 볼 수도 없다. 무엇 하나 예측 가능한 게 없다는 점 자체가 북한 리스크의 본질이라고 할 수 있다. 한 가지 분명한 것은 우리로서는 북한 리스크와 통일 가능성을 항상 염두에 두고 시나리오별 컨틴전시 플랜contingency plan을 짜고 그에 따른 대비책을 만들어두어야 한다는 점이다.

14•••
영국 〈이코노미스트〉 지의 성공 비결

　"한국 맥주가 북한 대동강 맥주보다 맛이 없다"

　영국의 시사주간지 〈이코노미스트The Economist〉가 2012년 11월 24일자에 실은 "화끈한 음식, 싱거운 맥주Fiery food, boring beer"라는 기사의 핵심이다. 매운 김치 등 화끈한 맛의 한국 음식과는 달리 과점 형태의 한국 맥주회사들의 땅따먹기식 외형경쟁과 한국 정부의 과도한 규제가 싱거운 맥주를 만들고 있다고 혹평했다. 그것도 맥주 맛만은 북한산이 더 좋다고 비아냥거림으로써 한국인의 자존심까지 건드린 것이다.

　좀 과장하면 이후 온 나라에 난리가 났다. 맥주회사들은 물론 맥주를 즐겨 마시는 언론인과 온 국민들이 한꺼번에 들고 일어난 것이다. 사설과 데스크 칼럼까지 동원해 한국산 맥주가 싱거우니까 수입산 맥주가 잘 팔리는 것이라고 공격했다. 인터넷을 검색해보면 최근에도 맛없는 맥주하면 〈이코노미스트〉 지의 이 기사를 인용하고 있다.

〈이코노미스트〉 지에 실리는 하나의 기사가 우리나라에서만 이렇게 야단법석일까? 〈이코노미스트〉 지는 영국에서 발행되지만 160만 부가 넘는 총 판매부수 중 영국 내에서 팔리는 것은 20만부가 채 안 된다. 나머지 140만부는 미국과 캐나다 등 북미에서 100만부, 우리나라를 포함한 아시아에서 20만부 등으로 전 세계적으로 두터운 독자층을 형성하고 있다. 특히 미국의 경우 중산층이 갖춰야 할 요건 중 하나인 '정기 구독하는 비평지가 하나 정도는 있을 것'에 딱 들어맞는 시사주간지로 자리 잡고 있는 것이다. 이에 따라 2003년만 해도 100만부에 못 미쳤던 총 판매부수가 2004년 처음으로 100만부를 넘어선 이후 2013년까지 한 해도 빼지 않고 판매부수를 늘려가고 있다.

인터넷의 보급으로 대다수 신문과 잡지가 어려움을 겪고 있는 가운데서도 〈이코노미스트〉 지가 판매부수를 연평균 13%씩이나 늘리는 비약적 발전을 거듭하는 이유를 어디에서 찾을 수 있을까? 시사주간지의 경쟁력의 핵심인 심층보도와 기획보도만으로 설명할 수 있을까?

첫 번째는 타깃 독자층을 '대중 지식층mass intelligent'으로 하고 있다는 점을 들 수 있다. 전 세계적으로 고등교육을 받은 계층이 늘어남과 동시에 이들이 심층분석 기사에 목말라 한다는 사실을 정확하게 꿰뚫은 것이다. 자산운용회사들이 소득 수준이 높아짐에 따라 재테크 수요가 높은 '대중 부유층mass affluent', 즉 중산층 중에서도 상위계층the high end of the mass market을 노리는 마케팅 전략과 비슷하다고 볼 수 있다. 대중 부유층 대부분이 대중 지식층과 겹친다고 보면 이들은 얼마든지 돈을 내고 원하는 시사주간지를 받아볼 수 있는 것이다. 또한 이들은 오피니언 리더opinion leader로서 자신이 〈이코노미스트〉지를 읽고 있다는 것에서 자부심을 가지는 것을 물론 〈이코노미스트〉지에 실리는 광고에 실질적 수요자로서의 역할도 하면서 선순환의 한 고리를 형성하는 것이다.

두 번째는 전 세계적 글로벌 이슈뿐 아니라 지역적 또는 국가적 이슈current, hot and timely glocal issues도 그때그때 시의적절하게 다루고 있다는 점이다. 글로벌 금융위기는 물론 최근 이슈가 되고 있는 브라질과 인도네시아 등의 위기 가능성을 누구보다 발 빠르게 제기하면서 관련통계들을 제시하고 있다. 글로벌 현안과 트렌드를 따라가는 움직이는 경제학 교과서 또는 살아있는 경제학 교과서라는 평가를 받고 있는 것이다. 또한 〈이코노미스트〉하면 경제주간지라는 생각이 들지만 경제뿐만 아니라 정치, 군사, 사회, 문화 등도 다양하게 다룸으로써 종합시사주간지로서의 위치를 선도하고 있다. 따라서 관심 있는 국가의 현안이 무엇인가를 보려면 〈이코노미스트〉홈페이지를 통해 쉽게 검색할 수 있다. 일본의 아베노믹스Abenomics, 중국의 리커노믹스Likonomics, 미국의 출구전략exit strategy은 요즘 가장 많이 찾는 단골 주제일 것이다. 또한 한국의 맥주뿐 아니라 북한의 동향은 물론 때로는 여행에 도움이 되는 정보까지도 얻을 수 있다. 2013년 10월 9일자 "한글은 어떻게 발명되었나How was Hangul invented?"라는 기사에서 한글의 창제와 이후 역사, 세종대왕 등에 대해서도 매우 자세하면서도 정확한 내용을 담아내고 있다.

세 번째는 전문성과 집요함을 동시에 가지고 있다는 점이다. 100명에 가까운 전문기자들이 전 세계에 퍼져 있으면서 이슈를 찾아내는 것을 넘어 찾아낸 이슈에 대한 연속 기사를 꾸준하게 이어가고 있다. 우리나라의 시사잡지들을 보면 대개 한 이슈에 대한 기사를 내고 나면 그것으로 끝나는 경우가 많다. 따라서 한 이슈에 계속 매달리지 못하고 이것저것 찾아다녀야 하기 때문에 전문성이 그만큼 떨어질 수밖에 없다. 반면 〈이코노미스트〉지는 미국의 부동산 거품과 거품 붕괴 가능성에 대해 2000년대 초반부터 경고하기 시작했다. 하지만 미국 부동산은 계속 오르기만 할 뿐 붕괴할 조짐을 보이지 않았다. 그럼에도 〈이코노미스트〉지는 1년에 두어 번씩 계속 경고를 했다. 웬만한 시사주간지 같았으면 지쳐서 그만 두었을 것이다. 미국 부동산 시장은 결국 2006년에 붕괴하기 시작했고, 그로 인해 대공황 이후 가장 심각한 글로벌 금융위기를 겪고 있는 것은 다 아는 사실이다. 신뢰받는 퀄리티 페이퍼quality paper가 되기 위해서는 왜 집요한 전문가가 필요한가를 잘 보여주는 대목이다. 필자를 포함한 경제학과 또는 경영학과 교수들이 강의에서 〈이코노미스트〉기사를 언급하면서 강의자료로 사용하는 것도 이 같은 전문성을 인정하기 때문일 것이다.

마지막으로는 〈이코노미스트〉지가 꾸준히 새로운 키워드 또는 아이디어 상품을 만들어내고 있다는 점이다. 1986년에 처음 등장한 '빅맥지수Big Mac index'는 지금도 매분기마다 발표되면서 주요국 환율의 적정성을 나름대로 짚어볼 수 있는 재미있는 아이디어로 평가받고 있다. 전 세계 120여 개국에서 품질 · 크기 · 재료가 표준화되어 있는 맥도날드의 대표 햄버거 빅맥의 가격을 기준으로 비교할 경우 각국의 통화가치가 저평가 또는 고평가되어 있는가를 알 수 있다는 것이다. 최근에 나온 스타벅스지수와 애니콜지수 등은 빅맥지수의 아류라고 할 수 있다. 2005년에는 세계 경제를 전망하면서 '친디아Chindia'라는 신조어를 만들어냈다. 21세기 세계 경제를 주도해 나갈 두 나라로 중국과 인도를 꼽은 것이다.

때로는 엉뚱하다 싶은 이야기도 마다하지 않는다. 2000년 초반에는 미국의 중앙은행인 연방준비제도이사회FRB의 앨런 그린스펀 의장이 브래지어의 판매동향을 잘 살펴봐야 할 것이라고 주문하기도 했다. 당시 그린스펀 의장은 경제의 흐름을 판단하기 위해 국내총생산GDP 성장률이나 물가상승률, 산업생산 등과 같은 전통적 경제통계 외에도 전력사용량이나 고속도로 통행량과 같은 실물현장형 통계도 함께 보는 것으로 잘 알려져 있었다. 그렇다면 불경기가 오면 여자들이 비싼 겉옷을 사는 대신 브래지어와 같은 속옷으로 대리만족을 하는 경향이 있으므로 브래지어의 판매량도 그린스펀 의장의 실물현장형 통계에 포함시켜야 할 것이라고 다소 비꼬는 투로 쓴 것이었다. 그 기사를 본 노회한 그린스펀 의장의 표정이 어땠을지가 궁금하다.

15 ...
한류와 한국판 마셜 플랜

최근 들어 전 세계적으로 '메이드인코리아made in korea'에 대한 관심이 높아지고 있다. 40~50년 전만 하더라도 봉제인형이나 가발의 한 켠에서 간신히 찾을 수 있던 이름 모를 나라 코리아였다. 하지만 지금은 스마트폰과 TV 등 세계 1위 상품이 수두룩하고, 한국산 자동차가 온 세계를 굴러다니고 있다.

상품뿐만이 아니다. 1990년대 후반 몇몇 가수들이 중국과 대만 등 동남아시아에서 인기를 얻기 시작하더니 우리의 대중가요와 음반은 물론 드라마, 영화, 게임 등이 인기몰이에 나섰다. K-Pop 공연은 가는 곳마다 유명세를 타고 있고, 미국 LPGA 골프대회는 마치 한국 대회를 옮겨놓은 듯한 모습이다. 김연아와 박태환은 선진국 또는 백인들의 전유물이었던 피겨와 수영에서 세계 정상을 차지했다. 한류가 상품을 넘어 문화와 스포츠로까지 확산되면서 대한민국은 물론 우리기업과 문화의 브랜드 가치도 올라가고 있는 것이다.

이와 더불어 메이드인코리아의 주가가 올라가고 있는 분야가 정책 한류. 정책 한류는 신흥시장국 또는 개발도상국들이 우리나라의 경제 정책 및 산업 정책과 관련된 제도와 시스템을 받아들이는 것을 의미한다. 예를 들면, 캄보디아는 농업과 증권거래 시스템, 베트남은 개발 및 수출 금융, 인도네시아는 금융감독 시스템, 우즈베키스탄은 공항과 경제특구 건설, 탄자니아 등 아프리카 국가들은 농업과 새마을운동 등 다양한 분야에서 자기네들이 필요로 하는 시스템을 구축하는데 우리나라의 노하우와 경험을 전수받는 것이다.

실제로 이들이 배우고자 하는 분야는 매우 다양하다. 앞서 언급한 분야 외에도 전자정부, 의료보험, 고속도로 건설 및 운영과 같은 미시적 과제는 물론 경제개발 및 발전과 같은 보다 거시적인 국가경제 운영과 관련된 분야에서도 경험을 전수받기를 원하고 있다. 이들 나라들이 우리나라를 선진국으로 인식하고 있을 뿐 아니라 개발도상국에서 선진국으로 진입한 대표적인 롤 모델role model로 보고 있기 때문이다. 우리나라가 1960년대 초반 이후 경제개발을 시작하면서 일본의 제도와 시스템을 거의 그대로 베끼다시피 한 때를 돌이켜보면 이해가 가는 부분이다.

그렇다면 이쯤에서 다음과 같은 질문을 던져보자. 우리가 최근까지 배우고 베끼는 일만 하다가 남을 가르치는 선생의 역할을 할 수 있을 것인가? 기왕 선생의 역할을 한다면 어떻게 효율적으로 잘 가르칠 것인가? 또한 세상에는 공짜가 없다는 데 선생과 학생과의 장기적인 상생관계를 어떻게 형성해 나갈 것인가? 이는 곧 공부를 잘 한 학생으로서 어떻게 유능한 선생이 되느냐, 또는 명선수로서 명감독이 되느냐 하는 문제와 직결되는 것이다.

이를 위해서는 다음 몇 가지 점들에 대해 정부 및 민간 차원에서 보다 적극적인 이해와 협력이 필요할 것이다. 첫 번째는 보다 종합적이면서도 체계적인 지원 시스템을 구축해야 할 것이다. K-Pop 등 문화 한류의 경우 간접적인 지원이 필요하다면 정책 한류의 경우 정부 차원의 보다 직접적인 정책적 지원이 필요하기 때문이다. 예를 들면, 2004년 이후 30여 개국을 상대로 실시하고 있는 'KSPKnowledge Sharing Program(우리나라의 경제개발 노하우를 개발도상국에 전수해주는 프로그램)'를 한국판 '마셜 플랜Marshall Plan'으로 확대하는 것이다. 참여기관을 현재의 기획재정부와 한국개발연구원KDI에서 다른 정부 부처와 관련 국책연구원 등으로 확대하는 동시에 이를 통합하고 조정하는 기능을 가진 범국가적 기구를 설립하는 방안을 고려해볼 일이다. 이를 통해 제한된 인적자원과 자금의 보다 효율적인 선택과 집중은 물론 전문가 육성과 사후 모니터링 등도 가능할 것이다.

두 번째로는 정책 한류가 우리 기업의 동반 진출 및 시장 개척과 연결될 수 있도록 관련 인프라를 구축하는 일이다. 이를 위해서는 KSP에 민간기업의 자발적 참여를 유도하는 것은 물론 기업 및 상품 또는 서비스와 관련한 다양한 데이터베이스를 구축해 이를 활용할 수 있도록 해야 할 것이다. 미국의 마셜 플랜이 제2차 세계대전 이후 유럽의 부흥을 통해 미국과 유럽의 동반성장을 추구한 것처럼 우리도 정책 한류를 새로운 성장동력으로 만들어나가는 것이다.

세 번째는 현지 문화와 전통을 이해하고 존중하는 일이다. 우리나라는 메이드인유에스에이, 메이드인저팬 등을 받아들여 우리만의 메이드인코리아를 만들어냈다. 마찬가지로 그들 스스로 현지화된 정책을 개발하고 시행하도록 도와주는데 있어서 현지 문화와 전통에 대한 이해와 존중보다 더 중요한 엔진은 없을 것이다.

네 번째는 정책 한류에 참여하는 전문가들의 경험과 노하우에 더해 겸손한 자세가 요구된다는 점이다. 잘 사는 나라가 시혜를 베푸는 것이 아니라 가난과 배고픔을 겪어본 나라로서 동병상련同病相憐하는 모습을 보여줄 때 받는 사람도 더 고마워하고 도와주고 욕먹는 경우도 발생하지 않을 것이다.

마지막 다섯 번째는 정책 한류의 수출 과정에서 우리 경제 시스템 중 좀 더 업그레이드시킬 분야는 없는가를 되돌아보는 일이다. 우리나라의 경제 규모는 세계 15위이지만 국가경쟁력은 20위권, 경제자유도와 부패지수는 30~40위권에 머물고 있다. 가르치면서 배운다는 말처럼 글로벌 스탠더드에 맞춰 규제를 과감하게 완화하고 폐지하는 동시에 규제를 강화할 부분은 강화함으로써 우리 스스로를 정비해 명실공히 선진국다운 선진국으로 올라서는 기회로 삼는 것이다.

3만 달러 시대, 패러다임이 바뀐다

지은이 | 최성환
펴낸이 | 박영발
펴낸곳 | W미디어
등록 | 제2005-000030호
1쇄 발행 | 2014년 3월 21일
주소 | 서울 양천구 목동 907 현대월드타워 1905호
전화 | 02-6678-0708
e-메일 | wmedia@naver.com

ISBN 978-89-91761-72-8　 03320

값 13,800원